中教審「答申」を読み解く

新学習指導要領を使いこなし，
質の高い授業を創造するために

石井英真 著

日本標準

まえがき

　2017年2月14日，新学習指導要領（案）が発表されました。これに先立ち，今回の学習指導要領改訂の基本的な方向性や考え方を示す中央教育審議会の答申（中教審「答申」）が出されています（2016年12月21日）。今回の新学習指導要領は，その構成や内容に関して多くの新しい提案を含んでおり，そのポイントや意味を理解するには，中教審「答申」やそこに至る議論を読み解いていくことが必要です。

　この間の学習指導要領改訂に向けた議論では，コンピテンシー（資質・能力），アクティブ・ラーニング（主体的・対話的で深い学び），パフォーマンス評価，カリキュラム・マネジメントなどの聞き慣れない横文字のキーワードが躍っています。とくに現場からすれば，授業改革に関わるキーワードであるアクティブ・ラーニングへの関心は高いでしょう。そして，現行の学習指導要領で授業改革のキーワードとして浸透していた「言語活動の充実」に代えて，アクティブ・ラーニングというキーワードの下で，また新しい取り組みをしなければいけないのではないかと，現場はとまどっているのではないかと思います。

　しかし，ここで押さえておかなければいけないのは，言葉は変わっても，基本的な改革の方向性に変化はないということです。社会の変化により，学校の置かれている状況や期待される役割が変化しています。そして何より，そうした社会や学校の構造変容のなかで，目の前の子どもたちの学びの感覚であるとか，コミュニケーションの様式，つながり感覚などが変わってきているのです。そうした状況下で，社会からの学校に対する能力要求は高まっているし，学習者主体という方向性にじわじわと授業も変わっていっている，そうしたベクトルが変わらぬ背景としてあるのです。

　文部科学省による学習指導要領改訂などの一連の教育施策は，そうした構造

的な問題に対する一つの回答であり，新しいキーワードを導入するなどして，あの手この手で一定の方向への変化を促そうとしているわけです。それゆえ，そうした大きな変化のベクトルとそれを生み出している構造的な要因（改革の根っこ）をとらえておくことが，改革に翻弄されず，大局を見据えた地に足のついた実践を構築していく基盤となるのです。

　資質・能力ベースのカリキュラムへの改革をうたう新学習指導要領を，社会と学校の構造変容への一つの対応とみて，目の前の子どもたちの学力と学びの質の追求につなげていくにはそれをどう受け止めればよいのでしょうか。本書は，「要は何をすればアクティブ・ラーニングを実践したことになるのか」といった具合に，答えや型を求める議論を超えて，ことばに惑わされず根っこにある問題提起を受け止めたうえで，日本の良質の教育実践の蓄積を継承しながら，日本の学校や教室での実践の再構築をどう図っていけばよいのかを提起するものです。それは，2015年1月に上梓した拙著『今求められる学力と学びとは──コンピテンシー・ベースのカリキュラムの光と影──』（日本標準）で示した学校改革の見取り図を下敷きにしながら，新学習指導要領を読み解き，読み替えるものでもあります。

　本書の第1章では，コンピテンシー，資質・能力，アクティブ・ラーニング，パフォーマンス評価，カリキュラム・マネジメントなど，目新しい概念（流行）の背景にある問題意識や考え方を掘り下げることで，それらが授業改革や学校改革をめぐる旧くて新しい問題（不易）にどうつながっているのかを示します。そして第2章では，現代社会をよりよく生きていく力を実質的に育むには，教科本来の魅力を追求する先に，結果として資質・能力やアクティブ・ラーニングを実現していくような，いわば汎用的なスキルに自ずと届く豊かな教科学習（「教科する（do a subject）」授業）を構想する必要性を提起するとともに，そうした授業を支えるカリキュラムや評価に関する取り組みのポイントについても述べます。こうして，授業づくりの不易を追求することが改革（流行）を実質的に遂行していくことにつながるという，その見通しを示したいと思います。

なお,「教科する」授業というヴィジョンを追求することの具体的なイメージについては,石井英真編『小学校発　アクティブ・ラーニングを超える授業——質の高い学びのヴィジョン「教科する」授業』(日本標準)を,そして,そうした質の高い授業を生み出す教師の学びをどうサポートするかについては,石井英真編『教師の資質・能力を高める！アクティブ・ラーニングを超えていく「研究する」教師へ——教師が学び合う「実践研究」の方法』(日本標準)も参照してみてください。『小学校発　アクティブ・ラーニングを超える授業』で取り上げさせていただいた実践の一部を,本書第2章でも紹介させていただきました。愛知県豊川市立一宮南部小学校,秋田大学教育文化学部附属小学校,香川大学教育学部附属高松小学校,京都府京都市立高倉小学校をはじめ,実践を提供していただいた先生方に感謝申し上げます。

　最後になりましたが,日本標準ならびに担当の郷田栄樹氏には,本書の企画から刊行にいたるまで,多大なご支援をいただきました。ここに記して感謝いたします。

　2017年2月

石井英真

目 次

まえがき … 3

第1章 新学習指導要領の読み深め方 ―――― 9

1 学習指導要領改訂のキーワード … 10
(1) 一体改革であることの意味 … 10
(2) 一貫改革であることの意味 … 11

2 資質・能力ベースのカリキュラムという発想の読み方 … 13
(1) 学習指導要領における汎用的スキルの位置づけ … 13
(2)「コンピテンシー」概念が投げかけているもの … 15
(3) 資質・能力ベースのカリキュラム改革が
　　めざすべき方向 … 16

3 アクティブ・ラーニングの読み方 … 17
(1) 問題提起的な概念としての「アクティブ・ラーニング」… 17
(2) アクティブ・ラーニングの形式化への危惧 … 18

4 資質・能力の三つの柱とアクティブ・ラーニングの
　　三つの視点をどうとらえるか … 24

(1) 資質・能力の三つの柱と
　　アクティブ・ラーニングの三つの視点 … 24
(2) 教科の学力の質の三層構造と学習活動の三軸構造 … 26
(3) 資質・能力の三つの柱と
　　アクティブ・ラーニングの三つの視点の読み方 … 28
(4)「見方・考え方」をどう読むか … 30

5　アクティブ・ラーニングを通じて育まれる
　　　資質・能力の評価のあり方 … 34

　　　（1）評価の三つの観点 … 34

　　　（2）観点別評価をどうとらえるか … 35

　　　（3）学力の質的レベルに応じた評価方法のデザイン … 38

　　　（4）情意領域の評価のあり方 … 41

　　6　カリキュラム・マネジメントによる
　　　組織的な授業改善の必要性 … 44

　　　（1）カリキュラム・マネジメントとは何か … 44

　　　（2）ヴィジョンの対話的共有の重要性 … 46

　　　（3）カリキュラムにおける汎用的スキルの位置づけ … 47

　　　（4）資質・能力の教科横断的で長期的な指導と評価 … 48

第2章　今求められる学力・学びと指導と評価のあり方 ── 51

　　1　資質・能力ベースのカリキュラム改革の展開 … 52

　　　（1）改革の根っこをつかむ … 52

　　　（2）「真正の学習」の必要性 … 53

　　　（3）資質・能力ベースのカリキュラムの危険性と可能性 … 54

　　2　日本の教師たちが追求してきた創造的な一斉授業の発展的継承 … 56

　　　（1）資質・能力育成とアクティブ・ラーニングが提起していること … 57

　　　（2）「わかる」授業の問い直しと学力の三層構造の意識化 … 58

　　　（3）練り上げ型授業の問い直しと知識構築学習 … 65

　　3　教科本来の魅力を追求することで新たな授業像を展望する … 69

　　　（1）教科本来の魅力とは … 69

　　　（2）「教科する」授業というヴィジョン … 71

　　　（3）学びのプロセスに教科の本質を見いだす目 … 72

(4)「教科する」授業の実際 … 74

　　(5) 深い学びをどう創るか … 77

　　(6) アクティブな授業と知識習得との関係 … 79

4　新しい評価の考え方とパフォーマンス評価 … 83

　　(1) パフォーマンス評価とは何か … 83

　　(2) パフォーマンス評価が提起する評価のパラダイム転換 … 85

　　(3) 魅力的で挑戦的な課題づくり … 87

　　(4) ルーブリックとは何か … 90

　　(5) ルーブリックを用いたパフォーマンスの解釈 … 92

5　ルーブリックの効果的活用のために … 95

　　(1) 行動目標に基づく評価とパフォーマンス評価との違い … 95

　　(2) 学習者の学び続ける力を育てる評価へ … 98

引用・参考文献 … 101

第1章

新学習指導要領の読み深め方

1　学習指導要領改訂のキーワード

　今回の学習指導要領改訂では，現場からすれば聞き慣れないさまざまな言葉が躍っています。指導法について，「言語活動の充実」に代わり「アクティブ・ラーニング(Active Learning：AL)」が新たにキーワードとなっているのに加えて，学力観については，「活用」に代わり「コンピテンシー（資質・能力）」が，そして，多様な評価手法として「パフォーマンス評価（Performance Assessment：PA）」がキーワードとして注目されています。さらには，それらを調整・統合する学校経営のポイントとして，「カリキュラム・マネジメント（Curriculum Management：CM）」の必要性が提起されています。

　こうして今回の学習指導要領改訂では，目新しいキーワードが並んでいて，そこに注目が集まりがちですが，潜在的なキーワードが二つあると思います。一つは一体改革であるということ，もう一つは一貫改革であるということです。

(1) 一体改革であることの意味

　一体改革であるとは，今回の改訂が，教育目的・目標，カリキュラム，授業，評価，学校経営，高大接続，教師教育など，教育システム全体にわたる改革であるということです。学習指導要領改訂の方向性をまとめた図1-1は，「社会に開かれた教育課程」の実現に向けて，「何を学ぶか」「どのように学ぶか」「何ができるようになるか」をトータルに改革しようという新学習指導要領の趣旨をよく表しています。

　今回の改訂では，アクティブ・ラーニングに注目が集まりがちですが，何のためのアクティブ・ラーニングかといえば，それは資質・能力やコンピテンシーを育むためであるわけです。また，そういった資質・能力を評価するには，ペーパーテストだけでは不十分なので，多様な評価方法の工夫が提起され，とくに，知識・技能を活用して思考したり実践したりできるかどうかを，実際にやらせてみて評価するパフォーマンス評価が有効だということになるわけです。さら

図1-1 学習指導要領改訂の方向性

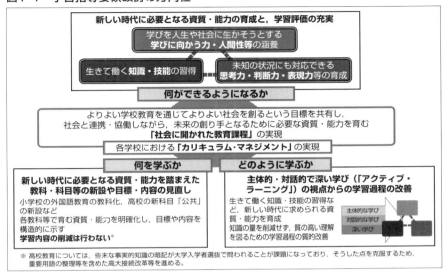

出典：中央教育審議会，2016，補足資料6頁

に，これらの新しい取り組みを行うためには，教師の力量形成や学校のチームとしての取り組みや人的・物的リソースの調達が必要となるため，カリキュラム・マネジメントが求められる，といった具合です。教育現場では，さまざまなキーワードが別々のものとしてとらえられ，あれもこれもしなくてはならないと思われているかもしれませんが，結局，それらは全部根っこの部分でつながっているのです。

(2) 一貫改革であることの意味

もう一つ一貫改革であるとは，幼稚園，小・中・高・大を同じ方向で，すなわち，資質・能力ベースという方向性で一貫させようということです。資質・能力ベースということで，目標として，思考力・判断力・表現力や自律性・協働性などが強調されたり，授業を双方向的に，アクティブ・ラーニング的なものにしていったりすることがめざされたりするわけですが，小学校はすでに授業はアク

ティブすぎるくらいアクティブであるし,「言語活動の充実」というキーワードの下で,中学校の授業も少しずつ双方向的でアクティブになってきています。他方,アクティブ・ラーニングという言葉の発信元である大学教育も,授業改革のための組織的取り組み (Faculty Development : FD) が求められたりするなか,グループワークを実施したりと,何らかの形でアクティブな要素が授業に取り入れられるようになってきており,一方的な講義をずっと聴くという風景も変わってきています。そうして一貫改革を考えたときにこれまで一番動かなかったのはどこかといえば,高校であるわけです。すなわち,今回の学習指導要領改訂の主たるターゲットは,高校教育なのです。

言語活動の充実は,小・中学校の授業改善の取り組みを一定程度促しました。しかし,高校の授業改善を促すには必ずしも至りませんでした。そこで,高大接続改革とも連動しながら,大学での授業改善のキーワードであるアクティブ・ラーニングを初等・中等教育段階でも導入し,さらには,記述式問題を導入したりして大学入試自体を変えていくことで,高校の授業改善を促していこうというわけです。

少なくともアクティブ・ラーニングということでいえば,すでに小学校は十分にアクティブであり,新しい言葉に右往左往せずに,これまで進めてきた授業改善の取り組みをより豊かにしていくこと,むしろ教材研究を充実させていくことが重要ではないかと思います。しかしながら,アクティブ・ラーニングという言葉に過剰に反応し,新しい手法や取り組みに走りがちなのは,むしろ,改革に疲れ,改革を目の前の子どもたちの学びの充実につなげるしたたかさや余裕(溜め)を失った,小学校現場でしょう。他方,改革の本丸である高校は,改革をしたたかに受け流しがちであったりします。改革に翻弄されるのでもそれを受け流すのでもなく,改革の根っこにある本質をこそ受け止めることで,目の前の子どもたちの利益につなげていく,真の意味でのしたたかさが重要なのです。

以下,改革の明示的なキーワードである,資質・能力ベースやアクティブ・ラー

ニングなどについて、それらの背景を掘り下げながらそれらをどのようにとらえていけばよいのかを示したいと思います。

2 資質・能力ベースのカリキュラムという発想の読み方

(1) 学習指導要領における汎用的スキルの位置づけ

まず、資質・能力ベースやコンピテンシー・ベースといった考え方について掘り下げてみましょう。内容ベースから資質・能力ベースへのカリキュラム改革は、「何を教えるか」だけでなく、それを通じて「何ができるようになるか」をも重視する改革だとされます。「資質・能力」がキーワードとなっているのは、一般に「学力」という概念が、教科内容に即して形成される認知的な能力に限定してとらえられがちであるのに対して、教科横断的に育まれうる、コミュニケーション能力や社会性や情意的性向といった非認知的要素も含んで、学校で育成すべきものの中身を広げていこうという志向性を表しています。

確かにこれまでも、「生きる力」などの言葉で、内容を知っていること以上の能力の必要性は提起されてきました。しかし今回は、学習指導要領の項目自体を表1-1のような枠組みで再構成を試みることで、より意識的に直接的に資質・能力

表1-1　資質・能力に対応した目標・内容について

ア) 教科等を横断する汎用的なスキル（コンピテンシー）等に関わるもの 　①汎用的なスキル等としては、たとえば、問題解決、論理的思考、コミュニケーション、意欲など 　②メタ認知（自己調整や内省、批判的思考等を可能にするもの） イ) 教科等の本質に関わるもの（教科等ならではの見方・考え方など） 　例：「エネルギーとは何か。電気とは何か。どのような性質をもっているのか」のような教科等の本質に関わる問いに答えるためのものの見方・考え方、処理や表現の方法など ウ) 教科等に固有の知識や個別スキルに関するもの 　例：「乾電池」についての知識、「検流計」の使い方

出典：育成すべき資質・能力を踏まえた教育目標・内容と評価の在り方に関する検討会、2014

の育成を図っていこうとしている点に特徴があります。これまでの学習指導要領であれば，表1-1のウ）やイ）の項目は示されていました。数学を例に取れば，一次関数，二次関数，変化の割合といった，個別の内容項目がウ）で，関数的な見方，数学的な考え方，数学的活動など，いわゆる各教科の方法領域にあたるものがイ）です。これらに加えて，学習指導要領の総則部分で，ア）のような汎用的スキルといわれるもの，確かにこういう一般的な力があれば社会が変わっても対応できるだろうと一見思えるものを明示していこうというわけです。

　ここで注意しておかねばならないのは，そうした汎用的スキルの直接的指導による授業の形式化・形骸化に陥ることです。たとえば，それぞれの学校でその学校として育成していきたい資質・能力，たとえばコミュニケーション能力，粘り強さ，批判的思考力といったものを挙げたなら，数学の「連立方程式」といった単元レベルで，さらには「連立方程式のグラフ」といった1時間の授業レベルでそれらを直接的に育てるための手立てをどう打ち，汎用的スキルそのものをどう評価するかまで，指導案に書き込む。こうして，汎用的スキルを教科横断的な指導事項として実体化させ各教科に降ろしてクロスさせていく方向性は，教科指導において，トリプルスタンダード（①教科の知識・技能，②教科固有の思考力・判断力・表現力，③汎用的スキル）を追求することになり，授業の煩雑化や形式化をもたらしかねないというわけです。

　むしろ汎用的スキルとして挙げられているような資質・能力を実質的に育成していくには，結果として汎用的スキルに届くようなダイナミックで豊かな教科学習を創っていく発想が有効でしょう。学びのプロセスをより協働的なものにしたり，問いと答えの間がより長いものにしたりと，ダイナミックで豊かなものへと教科学習のあり方をバージョンアップしていく。これにより，結果として汎用的スキルとして挙げられている要素が盛り込まれるような学びを創っていくわけです。

　ここまでで述べてきたように，資質・能力ベースの新学習指導要領をめぐっては，汎用的スキルの位置づけが議論の一つの焦点でした。結局，2017年2

月14日に発表された新学習指導要領(案)では，汎用的スキルを明示するには至っておらず，総則において，教科横断的な視点に立った資質・能力の育成の必要性や，そういった観点からの各学校での教育課程の編成の必要性が強調されるにとどまっています。むしろ，学習指導要領のレベルで，後述する資質・能力の三つの柱で各教科や領域の目標を統一的に整理することで，また，各学校の教育課程の編成において，各教科の特性を生かしつつ教科横断的な視点や目標も意識することで，資質・能力を育成していく方向性が採用されたといえます。

(2)「コンピテンシー」概念が投げかけているもの

　そうして従来の教科学習のあり方を問い直し，バージョンアップさせていくポイントを，どこに求めればよいのか。この点に関して，そもそも「コンピテンシー」(流行のキーワード)という概念の意味を確認し，掘り下げていくことで，資質・能力ベースの改革をめざすことが，汎用的スキルの育成を必ずしも意味しないということが，さらには，資質・能力ベースの改革が投げかける，授業づくりの不易のテーマが見えてきます。

　「コンピテンシー」とは何かというと，社会で求められる実力（職業上の実力や人生における成功を予測する，社会的スキルや動機や人格特性等も含めた包括的な資質・能力）のことです。企業が人を採用する段階で，学歴や知識があっても，面接などをしてみて社会性や粘り強さの有無を見ないと，その人が将来成功するかどうかが見えないといった具合です。コンピテンシー概念が強調されるなかで，非認知的能力の重要性が叫ばれている理由もわかるでしょう。

　一方で，職業人や社会人としての実力を意味するコンピテンシーが，「汎用的」というキーワードと結びついて提起されているところに，現代社会の特徴を見て取ることができます。職業人としての実力というと，たとえば，建築業であれば建物の構造や建築の技法に関する知識といった具合に，職業に特化した知識・技能を意味するはずです。実際，1970年代に「コンピテンシー」概念が提起された当初は，職業に固有の専門技能というニュアンスも強かったのです。

それが今,「コンピテンシー」概念が「汎用的」という言葉と結びついて提起されていることが現代社会の特徴を反映しているわけです。

人工知能（AI）の発達に伴い，20年後には今ある職業の半分がなくなるだろうという未来予想が示すように，一つの職種でずっと専門性を積み上げていくことが難しくなり，転職することが前提となる社会となりつつあります。これまでは世代交代によって人間社会が対応してきたような大きな社会変動が，一人の人生のなかで複数回訪れる，そのような時代と言ってもいいでしょう。こうした背景ゆえに，一つの専門性に閉じずに，領域を横断していくことや能力の一般性や汎用性が重要となっているわけです。

(3) 資質・能力ベースのカリキュラム改革がめざすべき方向

以上のように，資質・能力ベースのカリキュラムをめざすということは，社会が求める「実力」との関係で，学校の役割を，学校で育てる「学力」の中身を問い直すことを意味するのです。そして，能力の汎用性が求められる背景を考えるなら，「汎用的スキル」を指導することが唯一の道ではなく，一つの専門性に閉じずに，学び直していける幅の広さを大事にしていくこと（知の一般性・総合性の追求），そして，非認知的な部分も含めて，トータルな人間形成を大事にしていくこと（全人的・統合的な学びの追求）こそが重要だとわかるでしょう。それは，広くて深い学識と鳥瞰的視野をもった「教養ある人間」を育てるという意味での，「一般教育（general education）」としての教養教育の復権によってこそ，成し遂げられるものかもしれません。

さらに言えば，実力との関係で学力を問い直すということは，目の前の子どもたちが学校外での生活や未来社会をよりよく生きていくこととつながっているのかという観点から，既存の各教科の内容や活動のあり方を見直していく課題を提起しているとみるべきでしょう。とくに改革のターゲットとされている高校教育については，受験準備という目的を外してみたときに，何のためにあるのかということです。たとえば，大学で専門的に勉強する科目を除けば，高

校が各教科教育の完成教育となる，すなわち，高校レベルの各教科の知識や能力を身につけて，社会に出ていくわけです。とくに18歳選挙権が認められた今，市民としての自立につながるような各教科の教育になっているのかどうか，教科外活動も含めて生徒を一人前に育てる教育になっているのかどうか，そこをもう一度考え直していくこと，それこそが，「資質・能力ベース」や「コンピテンシー・ベース」ということで本来考えなければいけないことであり，「汎用的スキル」以上に「社会に開かれた教育課程」という改革のキーワードにこそ注目すべきでしょう。そして，そのように考えることで，改革への取り組みを目の前の生徒に返していくこともできるのではないかと思います。問われているのは，受験準備教育により空洞化した中等教育の普通教育としてのヴィジョン（めざす学校像・生徒像）なのです。

3 アクティブ・ラーニングの読み方

(1) 問題提起的な概念としての「アクティブ・ラーニング」

　知識・技能にとどまらず考える力や協働性や態度なども育成しようとすると，よりダイナミックで問いと答えの間の長い学習活動が必要となりますし，学んでいる内容だけではなくて，その学び方，すなわち，どのような学びのプロセスを経てその内容を学んでいるのかが問われるようになってきます。そこで，新学習指導要領に向けた議論のなかでキーワードとして浮上してきたのが，アクティブ・ラーニングです。

　中央教育審議会「初等中等教育における教育課程の基準等の在り方について（諮問）」（2014年11月20日）で示されたように，アクティブ・ラーニング（能動的学習）とは，「課題の発見と解決に向けて主体的・協働的に学ぶ学習」であり，具体的には，問題解決学習，体験学習，グループ・ディスカッション，ディベート，グループ・ワークなどの方法があるとされます。

　アクティブ・ラーニングは，授業改善の不易を示す普遍性をもった概念とい

うよりは，すでに述べたように，もともと大学の授業改善のための問題提起的な概念として提出されたものとみるべきでしょう。そのことは，アクティブ・ラーニング研究を推進してきた溝上慎一（2015）が，アクティブ・ラーニングを，「一方向的な知識伝達型講義を聴くという（受動的）学習を乗り越える意味での，あらゆる能動的な学習のこと。能動的な学習には，書く・話す・発表するなどの活動への関与と，そこで生じる認知プロセスの外化が伴う」（32頁）と定義していることによく表れています。「子どもたちの頭がアクティブに活動していればよい」といった発言も耳にしたりしますが，そういうことではなく，一方的な知識伝達型講義を聴く，それ以外の指導方法や学習形態も授業に取り入れていくことを促すための概念なのです。それゆえ，「アクティブ」という言葉自体が，何らかの活動的で協働的な要素を授業に取り入れればよいという，授業改善のためのヒントを示しうるわけです。

　ただし，問題提起的な概念ということは，射程と有効期限を伴うという点を意識しておく必要があります。「アクティブ」であることが一定の問題提起的な意味をもつのは，すでに述べたように，大学，高校，せいぜい中学校まででしょう。小学校は基本的にその問題提起の射程外にあるわけです。また，有効期限があるとは，一方向的な講義形式一辺倒ではなくなったときに，概念の問題提起力は失われるということです。

（2）アクティブ・ラーニングの形式化への危惧

　しかし，すでに述べたように，アクティブ・ラーニングというキーワードに一番過敏に反応し，これまでとは異なる新しい取り組みを始めようとする傾向は，小学校においてより見られます。すでに十分アクティブである小学校段階では，「アクティブ・ラーニング」という言葉からは，直接的に授業改善のヒントを導き出すことができず，そうすると，17頁で示した「課題の発見と解決に向けて，主体的・協働的に学ぶ学習」という定義の文言のなかに，これまでの改革にはない新しい要素を見いだそうとするわけです。そして，それは一定

の型としてアクティブ・ラーニングをとらえることにつながっていきます。具体的には，たとえば「課題発見」「協働」といったキーワードに過度に反応し，実践の形式化に陥ることが危惧されます。

主体的な学びの形式化への危惧

　まず，「課題解決」という言葉はこれまでも使われてきましたが，「課題発見」という言葉が，とくに教科学習の文脈で提起されたことはほとんどないために，このキーワードに注目するというわけです。「課題発見」という言葉を文字通り受け止めると，授業の最初に子どもたち同士でその時間に追究するめあてや課題を話し合って決めたり，あるいは単元の最初に学習の計画を立てたりと，学習計画学習のような形をなぞる授業になりかねません。

　アクティブ・ラーニングもそうですが，資質・能力ベースのカリキュラムといった場合には，総合学習や教科外活動も含め，学校カリキュラム全体で対応を考える必要があります。その点からすれば，「課題発見」という要素は，総合学習などにおいて主に追求すべきものです。そのうえで，教科学習の文脈で「課題発見」という言葉に込められているのは，主体的な学びを実現すべく，教師から与えられた課題であっても，自分たちが追究したいものとしていくということです。しかしそれは，「課題発見」という形をなぞることよりも，教師の教えたいものを学習者の学びたいものにする導入の工夫という，授業づくりの基本に立ち戻ることによってこそ，可能になるものでしょう。

　たとえば，一次関数の授業で携帯電話3社の料金プランを比べる課題を教師が提示したところ，こんなプラン設定は実際にはないよという声が生徒から上がりました。そのときどうするか。そこで教師が，今回はこの設定で考えてくださいと課題を押しつけることもあるでしょうが，以前に私が参観した授業では，どんな設定だったらありうるのかと，教師が生徒に投げ返し，やり取りするなかで，数値や場面設定を微調整していました。こうして，教師が想定していた生徒たちの生活の風景と生徒たちが実際に生活している風景とがチューニングされていく，これが導入ということの一つの意味でしょう。

授業の展開感覚の重要性

　授業の基本に立ち戻るということに関係して，アクティブ・ラーニングと銘打った授業のなかには，子どもたちのおしゃべりではなく，展開が「やかましい」授業も見られます。すなわち，10分おき，あるいは5分おきくらいで，頻繁にペアやグループで話し合ったり活動を入れたりして，子どもたちを飽きさせず，考えさせようとするわけです。これではポイントがぼやけて重要な内容が残らない可能性がありますし，何より，無理やり考えさせられる授業では，子どもたちは落ち着いて思考を深めていくこともできないでしょう。

　そうした展開がやかましい授業に欠けているのは，日本の教師たちが追求してきた，「ドラマとしての授業」という授業観であり，それを支える展開感覚です。すぐれたドラマや演奏には，感情のうねり，展開の緩急，緊張と弛緩などの変化があり，それが人々の集中を生み出したり，心をゆさぶったり，経験の内容や過程を記憶に焼き付けたりするわけです。そして，すぐれた授業には，これと同じ性質が見られます。導入・展開・終末（まとめ）といった具合に授業過程を区切り，その流れ（ストーリー）を考えることは，ドラマとしての授業を実現する構想力と展開感覚を磨く出発点となります。

　たとえば，先述の「導入」についていえば，授業の冒頭に子どもたちを盛り上げることが導入だととらえられがちですが，授業の最初に盛り上げすぎると後は息切れしたりテンションが下がったりするだけです。また，ザワザワした雰囲気のままにずるずると始まった場合，その授業はずっと落ち着きのない緊張感を欠いたものとなるでしょう。「授業において導入がいのち」ということは，「導入を盛り上げる」ということとは異なります。導入ではむしろ，教室の空気と呼吸を整え，息を合わせ，子どもたちの追究心に静かに火をつけ，学びのスタート地点に子どもたちを立たせることに心を砕くべきなのです。

　学習者主体ということでいえば，子どもたちを授業に引き込む授業の序盤では，1問1答でリズムよく展開し，次第に「なぜ」といった発問も用いながら，少しずつ子どもたちにゆだねる部分を大きくしていく。こうして，ヤマ場に向

けて子どもたちの追究心をじわじわ高め，ここ一番，子どもたちに対話的に思考を深めてもらいたいところで，グループ学習を導入するなどして，思い切って子どもたちにゆだね，授業のヤマ場を仕組む。そして，終末段階において，教えたい内容を子どもたちの心にすとんと落とすといった具合に，1時間の授業の展開のストーリーを描くことが肝要なのです。

協働的な学びの形式化への危惧

　また，「協働」という言葉に過度に反応して，特定の学び合いやグループ学習の手法を取り入れなければならないと考えると，実践は形式化します。むしろ，現代社会で求められる，あるいは，目の前の子どもたちの学び感覚に合った，つながりやコミュニケーションのあり方を問うことが重要でしょう。

　価値観やライフスタイルの多様化，SNSをはじめ，メディア革命に伴うコミュニケーション環境の変化によって，子どもたちの思考や集中のスパンは短くなり，コミュニケーションやつながりも局所化・ソフト化してきており，強いつながりで結ばれた学級集団を創るのが困難になってきています。クラス全体の凝集性を求める強い集団よりも，気の合う者同士の小さいグループのほうが居心地がいいし，授業でもそうした弱いつながりのグループで学んだほうが，居場所感や学んだ感があるというわけです。

　このことは子どもたちに限ったことではありません。実は大人のなかでもすでに起こっています。大人向けの研修会や研究会でも，また校内研修でも，最近は，講義型や全体討論型よりワークショップ型のほうが主流だと思います。昔は仕事後に先輩が後輩をつれて食事に行くという文化があって，夜，先輩が授業について理想や哲学やコツを語るということがよくありました。それはそれで大切にすべきなのですが，今の若い人の感覚からすればしんどく感じてしまうかもしれません。若い教師にとっては，強いつながりのなかで固い議論をこってりとすることよりも，カフェ的なリラックスした雰囲気で軽いタッチで議論をしていくほうが楽だし，むしろそのほうが議論が深まったりもするのです（シリアス・ファンな対話）。これが，今の大人の学びの姿であるわけですから，

まして子どもたちならそうであろうということになります。ゆるい関係性で行われるカフェ的な対話のほうが学びやすい。そんなコミュニティ感覚を子どもたちはもっており，学習者主体の参加型の授業が強調される本質的背景はこのような点にあることを理解すべきなのです。

　学習者主体のワークショップ型の学びの多くは，考えることと書くことと話すこととの関係という点で，従来の教室で多く見られるそれを問い直す視点をもっています。多くの日本の授業においては，自力解決の場面で考え，それを書き残し，書いたことをもとにグループで話し合い，話し合った内容をホワイトボードに整理してまとめるなどしたうえで，クラス全体で話し合う（発表し合う）といった形で授業が進みます。これに対して，ワークショップ型の学びにおいては，考えること，書くこと，話すことの三つは多くの場合，分断されていません。各自考えながら，話し合って，そこで出た意見や思いついたことをそのままメモ的にホワイトボードや模造紙に書き込んでいき，書いて可視化するからさらに触発されて話し言葉の対話や個々の思考が促進される，といった具合です。それは，話し合い活動も書き言葉的な「発表」をメインに遂行されてきた，書き言葉優勢の教室のコミュニケーションに対し，即興性や相互に触発し合う偶発性を特長とする話し言葉の意味を復権することと，とらえることができます（ことばの革命）。

　書き言葉優勢のコミュニケーションは，考えたことを残し分析的に検討し思考を体系化するうえでは有効ですが，人と人とをつなげ新しいアイデアを生み出すうえでは，話し言葉優勢のコミュニケーションのほうが強さを発揮します。カフェ的な雰囲気で，考えること・書くこと・話すことが一体のものとして展開する学びの場は，創発的なコミュニケーションを生み出しやすく，後述するように，そうしたコミュニケーションの様式を相対的に重視していくことが，現在の社会や子どもの求めにも合致すると考えられるのです。

ICTの活用において考慮すべきこと

　アクティブ・ラーニングに向けた授業づくりという場合，未来型の教育をめ

ざして，ICTの活用が想起されがちです。しかし，電子黒板やタブレットなどの機器やツールをとにかく使えばよいのではなく，それらがいかなる学びやコミュニケーションの様式を促進しうるのかを考える必要があります。そのような観点からすると，電子黒板とタブレットでは，めざす授業像が基本的に異なる点に注意が必要です。

　教具を有効に活用するコツでもありますが，同じ機能をはたす道具であれば，代替可能なより原初的でローテクなものを考えてみるとよいでしょう。電子黒板は黒板であり，タブレットはグループの真ん中において対話と思考の広場となるホワイトボードや模造紙に置き換えることができることに気づきます。教師主導の授業では，黒板とノートが中心的な教具となる一方で，学習者主体の授業において中心的な教具となるのは，ホワイトボードや模造紙とワークシートです。すなわち，電子黒板は，情報提示など，教師が教えるためのメディアとしての性格が強く，タブレットは，コミュニケーションやリフレクション（動画機能を生かした学びのプロセスの振り返り）など，学習者が学び合うためのメディアとしての性格が強いといえます。

　先述のような創発的なコミュニケーションを促進するうえでは，全体での情報提示のメディアよりも，思考とコミュニケーションのための個人やグループベースのメディアのほうが有効であり，逆に，そういった教室の学びやコミュニケーションの変革を促すツールとして，ICTの活用は考えられる必要があるでしょう。その際，システムがダウンして右往左往するようなこともないように，同じ機能がはたせるのであれば，より原初的な教具を使えばよいということを基本としながら，タブレットなどの新しいメディアだからこそできることに注目し，それらを有効に活用していくことが必要でしょう。

スキル主義への危惧

　「汎用的スキル」の必要性が叫ばれるなかで，思考スキルと思考ツールの直接的指導も広がりをみせています。ここで注意が必要なのは，思考スキルを教えたからといって，深く思考できるようになるとは限らないということです。

思考スキルとは，深く思考している人を分析して，その特徴を後から取り出したものです。自転車がうまく乗れている人ができていることのポイントを取り出して，まったく乗れない子どもにそれを教えても，自転車が乗れるようになるとは限らないということを想起するとよいでしょう。

　真に思考力を育てていこうと思えば，深く思考する経験を繰り返すしかありません。そして，深く思考する経験は，思考の対象と思考したくなる必然性があってこそ成立します。結局は，魅力的で挑戦的な教材や学習課題をどうつくるかといった教材研究の問題に帰着するわけです。

　そうして深く思考しているときには，比較や分類といった思考スキルとして挙げられるようなプロセスは自ずと入ってくるのであって，それを自覚化したり整理したりするものとして，思考スキルを用いればよいし，自ら思考することを始めたときに，それを深めていく手段として自然な形で，ピラミッドチャートやフィッシュボーンなどの思考ツールを導入することは考えられてよいでしょう。

　以上のように，子どもたちの主体的で協働的で深く思考するような学びを実現するのに，近道や特効薬があるわけではありません。流行の言葉の奥に授業づくりの不易の課題を見いだし，授業づくりの基本に立ち戻って，地に足のついた授業改善を進めていくことが求められるのです。

4　資質・能力の三つの柱とアクティブ・ラーニングの三つの視点をどうとらえるか

(1)　資質・能力の三つの柱とアクティブ・ラーニングの三つの視点

　資質・能力ベース，あるいはコンピテンシー・ベースのカリキュラム改革を，そして，アクティブ・ラーニングに向けた授業改革をさらに具体化する指針として，新学習指導要領は，資質・能力の三つの柱（図1-2）とアクティブ・ラーニングの三つの視点（図1-3）という枠組みを提起しています。

図1-2 育成をめざす資質・能力の三つの柱

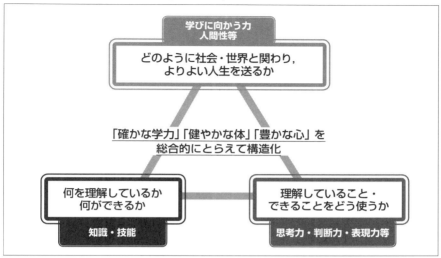

出典：中央教育審議会，2016，補足資料7頁

図1-3 資質・能力の育成と主体的・対話的で深い学び
　　　（「アクティブ・ラーニング」の視点）の関係（イメージ）

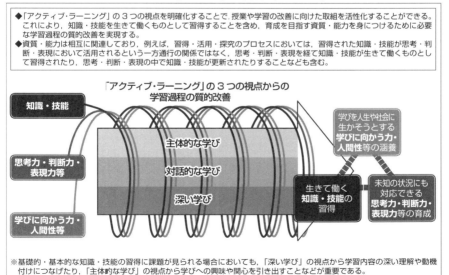

出典：中央教育審議会，2016，補足資料12頁

まず，新学習指導要領は，育成すべき資質・能力を三つの柱「何を理解しているか，何ができるか（生きて働く「知識・技能」の習得）」「理解していること・できることをどう使うか（未知の状況にも対応できる「思考力・判断力・表現力等」の育成）」「どのように社会・世界と関わり，よりよい人生を送るか（学びを人生や社会に生かそうとする「学びに向かう力・人間性等」の涵養）」で整理しています。

　また，アクティブ・ラーニングについては，特定の型を普及させるものではなく，現在の授業や学びのあり方を，子どもたちの学習への積極的関与や深い理解を実現するものへと改善していくための視点として理解すべきとし，「①学ぶことに興味や関心を持ち，自己のキャリア形成の方向性と関連付けながら，見通しを持って粘り強く取り組み，自己の学習活動を振り返って次につなげる『主体的な学び』が実現できているか」「②子供同士の協働，教職員や地域の人との対話，先哲の考え方を手掛かりに考えること等を通じ，自己の考えを広げ深める『対話的な学び』が実現できているか」「③各教科等の特質に応じた『見方・考え方』を働かせながら，知識を相互に関連付けてより深く理解したり，情報を精査して考えを形成したり，問題を見いだして解決策を考えたり，思いや考えを基に創造したりすることに向かう『深い学び』が実現できているか」（中央教育審議会，2016，49-50頁）という授業改善の三つの視点を挙げています。

(2) 教科の学力の質の三層構造と学習活動の三軸構造

　資質・能力の三つの柱とアクティブ・ラーニングの三つの視点の意味は，学力論や学習論の基本的な知見，とくに教科の学力の質の三層構造と，学習活動の三軸構造をふまえて考えるとより明確になります。

　ある教科内容に関する学力の質的レベルは，下記の三層でとらえられます。個別の知識・技能の習得状況を問う「知っている・できる」レベルの課題（例：その代名詞がだれを指しているかを答える，穴埋め問題で「母集団」「標本平均」等の用語を答える）が解けるからといって，概念の意味理解を問う「わかる」レベルの課題（例：登場人物の心情をテキストの記述から想像する，「ある食品会社で

表1-2 教科の学力の三層構造と資質・能力の要素

学力・学習活動の階層レベル（カリキュラムの構造）		資質・能力の要素（目標の柱）			
		知識	スキル		情意（関心・意欲・態度・人格特性）
			認知的スキル	社会的スキル	
教科の枠づけの中での学習	知識の獲得と定着（知っている・できる）	事実的知識,技能（個別的スキル）	記憶と再生,機械的実行と自動化	学び合い,知識の共同構築	達成による自己効力感
	知識の意味理解と洗練（わかる）	概念的知識,方略（複合的プロセス）	解釈,関連付け,構造化,比較・分類,帰納的・演繹的推論		内容の価値に即した内発的動機,教科への関心・意欲
	知識の有意味な使用と創造（使える）	見方・考え方（原理,方法論）を軸とした領域固有の知識の複合体	知的問題解決,意思決定,仮説的推論を含む証明・実験・調査,知やモノの創発,美的表現（批判的思考や創造的思考が関わる）	プロジェクトベースの対話（コミュニケーション）と協働	活動の社会的レリバンスに即した内発的動機,教科観・教科学習観（知的性向・態度・思考の習慣）

出典：石井英真, 2015a, 23頁から一部抜粋

製造したお菓子の品質」等の調査場面が示され，全数調査と標本調査のどちらが適当かを判断し，その理由を答える）が解けるとは限りません。さらに，「わかる」レベルの課題が解けるからといって，実生活・実社会の文脈における知識・技能の総合的な活用力を問う「使える」レベルの課題（例：自分の好きな物語の魅力を図書館の利用者に伝えるために紹介文を書く，ある市の軽自動車台数を推定する調査計画を立てる）が解けるとは限りません。そして，後述するように，社会の変化のなかで学校教育に求められるようになってきているのは，「使える」レベルの学力の育成と，後述する「真正の学習」の保障なのです。

学力の質的レベルの違いにかかわらず，学習活動は何らかの形で対象世界・他者・自己の三つの軸での対話を含みます。たとえば，読書という一見個人的な営みにおいても，テクスト（対象世界）との対話はもちろん，著者や一緒にそのテクストを読みあったクラスメート（他者）などとの対話が生起していた

りするし，それらを通じて自己に向き合う対話が生起しているわけです。そして，そうした対話を繰り返す結果，何らかの認識内容（知識），認識方法（スキル）が形成され身についていきます。スキルは，対話の三つの軸（大きくは対象世界との認知的対話，他者・自己との社会的対話）に即して構造化できます。さらに，学習が行われている共同体の規範や文化に規定される形で，何らかの情意面での影響も受けます。学力の階層ごとに，主に関連する知識，スキル，情意（資質・能力の要素）の例を示したのが表1-2です。たとえば，百マス計算のような基礎技能の学習でも，計算手続き（知識）を，正確に実行（スキル）し，できた喜びにより自己肯定感を高める（情意）といった具合に，知識，スキル，情意の育ちは一体のものなのです。

(3) 資質・能力の三つの柱とアクティブ・ラーニングの三つの視点の読み方

　資質・能力の三つの柱の提案については，学校教育法が定める学力の三要素で知識・技能以上に思考力・判断力・表現力や主体的態度を重視するものととらえると，1990年代の「新しい学力観」がそうであったように，内容の学び深めとは無関係な関心・意欲・態度の重視と知識習得の軽視（態度主義）に陥りかねません。さらに，コンピテンシーとして非認知的能力が含まれていることを過度に強調し，教科横断的なコミュニケーションや協働や自律性の育成の名の下に，どんな内容でも主体的に協力しながら学ぶ個人や学級をつくることに力点が置かれるなら，いわば教科指導の特別活動化が生じ，教科の学習（認識形成）が形式化・空洞化しかねません。

　図1-3もふまえれば，資質・能力の三つの柱については，知識以上にスキルや情意を重視するという問題の立て方自体に問題があり，どの質の知識を，どの質のスキルを，どの質の情意を重視するかと問う必要があるのです。資質・能力の三つの柱は，学校教育法が定める学力の三要素それぞれについて，「使える」レベルのものへとバージョンアップを図るものとして読むことができます。また，アクティブ・ラーニングの三つの視点は，学習活動の三軸構造に対

応するもの（対象世界とのより深い学び，他者とのより対話的な学び，自己を見つめるより主体的な学び）としてとらえることができるでしょう。

　「社会に開かれた教育課程」，いわば各教科における「使える」レベルの学習（「真正の学習」）をめざす方向で，対話的な学びと主体的な学びを，対象世界の理解に向かう深い学びと切り離さずに，統合的に追求していくことが重要です。これにより，「できた」「解けた」喜びだけでなく，内容への知的興味，さらには自分たちのよりよき生とのつながりを実感するような主体性が，また，知識を構造化する「わかる」レベルの思考にとどまらず，他者とともにもてる知識・技能を総合して協働的な問題解決を遂行していけるような，「使える」レベルの思考が育っていくわけです。そのなかで，内容知識も表面的で断片的な形ではなく，体系化され，さらにはその人の見方・考え方として内面化されていくのです。

　先述のように，「資質・能力」や「コンピテンシー」という言葉によって強調されているのは，汎用的なものや非認知的なものです。汎用的なものの強調については，蛸壺化した教科の壁の高さを低くすべく，教科の枠に閉じず知の総合化を追求していくことを本丸ととらえるべきでしょう。具体的には，教科書を教わる授業を超えて，複数教科の教科書を資料として学ぶ授業をめざしていくわけです。また，非認知的なものの強調については，成果が目に見えやすい個人の認知的学力のみに限定されがちな視野を広げるべく，情動的な経験や他者との協働や試行錯誤を含んだ，ダイナミックで統合的な学びのプロセスを追求していくことを本丸ととらえるべきでしょう。具体的には，目標達成に向けてストレートに淡々と進めていく授業を超えて，問いと答えの間が長くてドラマのように展開のある授業をめざしていくわけです。そして，問いと答えの間の長い学習活動について，そのダイナミックな学びの経験を振り返ったりまとめたりする際に，概念や汎用的スキルを意識しながら，他の内容や場面にも一般化可能な形で学びの意味の自覚化を図ることで，能力は汎用性を帯びてくるのです（例：既習事項をもとに五角形の内角の和を求めた経験を，「五角形の内角の和の求め方」ではなく，「多角形の内角の和の求め方」を学んだ経験として，さら

には「補助線を引くなどして，既習事項が使える単純な問題に帰着させる」といった汎用性のあるスキルを学んだ経験として，授業のまとめで意味づける。そうして「内容のまとめ」だけでなく「プロセスのまとめ」も意識する）。

(4)「見方・考え方」をどう読むか

　新学習指導要領では，主体性・協働性が一面的に強調される傾向や態度主義を是正すべく，教科の本質に迫る深い学びを構想する鍵として，「見方・考え方」という概念を提起しています。

　中央教育審議会「答申」(2016年12月21日，以下，中教審「答申」）では，「見方・考え方」について，「各教科等で習得した概念（知識）を活用したり，身に付けた思考力を発揮させたりしながら，知識を相互に関連付けてより深く理解したり，情報を精査して考えを形成したり，問題を見いだして解決策を考えたり，思いや考えを基に創造したりする」学びの過程のなかで，「"どのような視点で物事を捉え，どのような考え方で思考していくのか"という，物事を捉える視点や考え方も鍛えられていく」と述べています（中央教育審議会，2016，33頁）。たとえば，数学的な見方・考え方であれば，「事象を，数量や図形及びそれらの関係などに着目して捉え，論理的，統合的・発展的に考えること」といった具合です（表1-3参照）。「見方・考え方」は，教科の内容知識と教科横断的な汎用的スキルとをつなぐ，各教科に固有の現実（問題）把握の枠組み（眼鏡となる原理：見方）と対象世界（自然や社会など）との対話の様式（学び方や問題解決の方法論：考え方）ととらえることができます。

　「見方」と「考え方」がセットになっているのは，それらが育つ基盤となりうる，豊かな文脈を伴った学習において，その道のプロらしい目のつけどころと思考の組み立て方という形で，二つが分かちがたく結びついているためです。また，中教審「答申」では，「『見方・考え方』が，習得・活用・探究という学びの過程の中で働くことを通じて」，資質・能力が育まれ，「それによって『見方・考え方』が更に豊かなものになる」（同上52頁）とされており，「見方・考え方」は，質の

表1-3 各教科等の特質に応じた見方・考え方のイメージ

言葉による見方・考え方	自分の思いや考えを深めるため、対象と言葉、言葉と言葉の関係を、言葉の意味、働き、使い方等に着目して捉え、その関係性を問い直して意味付けること。
社会的事象の地理的な見方・考え方	社会的事象を、位置や空間的な広がりに着目して捉え、地域の環境条件や地域間の結び付きなどの地域という枠組みの中で、人間の営みと関連付けること。
社会的事象の歴史的な見方・考え方	社会的事象を、時期、推移などに着目して捉え、類似や差異などを明確にしたり、事象同士を因果関係などで関連付けたりすること。
現代社会の見方・考え方	社会的事象を、政治、法、経済などに関わる多様な視点（概念や理論など）に着目して捉え、よりよい社会の構築に向けて、課題解決のための選択・判断に資する概念や理論などと関連付けること。
数学的な見方・考え方	事象を、数量や図形及びそれらの関係などに着目して捉え、論理的、統合的・発展的に考えること。
理科の見方・考え方	自然の事物・現象を、質的・量的な関係や時間的・空間的な関係などの科学的な視点で捉え、比較したり、関係付けたりするなどの科学的に探究する方法を用いて考えること。
音楽的な見方・考え方	音楽に対する感性を働かせ、音や音楽を、音楽を形づくっている要素とその働きの視点で捉え、自己のイメージや感情、生活や社会、伝統や文化などと関連付けること。
造形的な見方・考え方	感性や想像力を働かせ、対象や事象を、造形的な視点で捉え、自分としての意味や価値をつくりだすこと。
体育の見方・考え方	運動やスポーツを、その価値や特性に着目して、楽しさや喜びとともに体力の向上に果たす役割の視点から捉え、自己の適性等に応じた『する・みる・支える・知る』の多様な関わり方と関連付けること。
保健の見方・考え方	個人及び社会生活における課題や情報を、健康や安全に関する原則や概念に着目して捉え、疾病等のリスクの軽減や生活の質の向上、健康を支える環境づくりと関連付けること。
技術の見方・考え方	生活や社会における事象を、技術との関わりの視点で捉え、社会からの要求、安全性、環境負荷や経済性等に着目して技術を最適化すること。
生活の営みに係る見方・考え方	家族や家庭、衣食住、消費や環境などに係る生活事象を、協力・協働、健康・快適・安全、生活文化の継承・創造、持続可能な社会の構築等の視点で捉え、よりよい生活を営むために工夫すること。
外国語によるコミュニケーションにおける見方・考え方	外国語で表現し伝え合うため、外国語やその背景にある文化を、社会や世界、他者との関わりに着目して捉え、目的・場面・状況等に応じて、情報や自分の考えなどを形成、整理、再構築すること。
道徳科における見方・考え方	様々な事象を道徳的諸価値をもとに自己との関わりで広い視野から多面的・多角的に捉え、自己の人間としての生き方について考えること。
探究的な見方・考え方	各教科等における見方・考え方を総合的に活用して、広範な事象を多様な角度から俯瞰して捉え、実社会や実生活の文脈や自己の生き方と関連付けて問い続けること。
集団や社会の形成者としての見方・考え方	各教科等における見方・考え方を総合的に活用して、集団や社会における問題を捉え、よりよい人間関係の形成、よりよい集団生活の構築や社会への参画及び自己の実現と関連付けること。

※中学校のイメージ

出典：中央教育審議会，2016，別紙1

高い学びの過程を生み出す手段でありかつその結果でもあるといえるでしょう。

　では,「見方・考え方」が, 質の高い学びの過程を生み出す手段でありかつその結果であるとはどういうことなのでしょうか。まず, それが質の高い学びを生み出す手段であるという点について考えてみましょう。第2章で詳しく述べるように, 学びの質を保証するには, 思考しコミュニケーションする中身が妥当でポイントを外していないかという点と, そのプロセスが本質的であるかという点がまずは問われねばなりません。何について, どのように学んでいるかという, 内容とプロセスの両面において教科の本質を追求することが肝要であるわけです。本質的な内容をとらえるうえでは, 学習指導要領の内容項目に注目することが手がかりとなるのに対して,「見方・考え方」は, プロセスが本質を外していないかどうかを判断する手がかりと考えることができます。

　こうして, 新学習指導要領では,「深い学び」の実現のために,「見方・考え方」として示されたプロセスを含んだ学習活動を設計することの有効性が示唆されています。しかし, そうしたプロセスを思考の術として直接的に教えたり, その型をなぞったりするような学習にならないよう注意が必要です。「見方・考え方」は, どの活動を子どもにゆだねるかを判断するポイントとして, また, そのプロセスが自ずと生起する必然性のある課題を設計する留意点としてとらえるべきでしょう。「見方・考え方」は,「数学する」「歴史学する」「科学する」とはどういうことかといった問いに対し, 各教科の本質的な学びのプロセスの輪郭をとらえる手がかりを与えてくれますが, 学びのプロセスに教科の本質を見いだす目を教師が磨くことも忘れてはなりません。

　次に,「見方・考え方」が質の高い学びの過程の結果であって, 資質・能力の育成とともに豊かになるという点をふまえれば, 知識や概念が「見方」として学ばれ, スキルや態度がその人のものの「考え方」や思考の習慣となるような, 生き方にまで響く教科の学びが追求されねばならないという, まさに学びの深さへの問いが浮かび上がってきます。たとえば, 共にテキストや資料を読み合うなかで, わかったつもりでいたことが, 本当はわかっていなかったことに気

づいて，新しい視野が開けたり，学んだことを子どもたちの生きている文脈に埋め戻し学び直すことで，身の回りの世界の見え方や関わり方が変わったりする経験の積み重ねが大切であり，それこそが学び深めるということでしょう。

「見方・考え方」として示されたプロセスを盛り込んで学習活動を設計することで，「使える」レベルの学力につながる，認知的に高次で複合的な学びをデザインすることはできるでしょう。しかし，認知的に「高次」であることは，「深い」学びであることや生き方に響く学びであることを意味するわけではありません。たとえば，地元の強みを生かした新しい町おこしのアイデアを考えるような総合的な課題にただ取り組むだけでは，他人事の問題解決になりがちです。そこでは，高次の複合的な思考過程は試されるかもしれませんが，それが必ずしも子どもたちにとって真に自分事であり，世の中を見る目や生き方を肥やしていく学びになるとは限りません。そうした課題に取り組みつつ，たとえば，自分が生まれ育った地域をどうとらえるか，本音の部分で自分は将来地域とどのように関わるのかといった問いに向き合い，そのような観点から見たときに，自分たちの提示したアイデアにリアリティや説得力があるのかを吟味してみるといった具合に，足下の具体的な現実世界（生活）と抽象的な学問世界（科学）との間のダイナミックな往復，後述する科学の知の生活世界への埋め戻しと問い直し（「もどり」）を含むことで，「使える」レベルの学習は，高次さと深さを統一するような学びになり，知識や思考はその人の見方や考え方として身についていくのです。

このように，「見方・考え方」については，学びに先立って，型やスキルとして「あるもの」というよりは，学びを通じて「なるもの」としてとらえていくことが必要ではないでしょうか。すなわち，「見方・考え方」とは，各学問・芸術・文化領域の内容やスキルや価値意識が学習者にこなされ内面に深く身についている状態というわけです。ゆえにそれは，学校で学んだ個別の知識項目を忘れてしまっても，学習者のなかに残り，その人の学校外の生活や未来の社会生活において生きて働き，その質を豊かにするものとなるのです。

5 アクティブ・ラーニングを通じて育まれる資質・能力の評価のあり方

(1) 評価の三つの観点

　アクティブ・ラーニングを通じて育まれる資質・能力の評価について，資質・能力の三つの柱との整合性をもたせるべく，新学習指導要領では，現行の観点別学習状況の評価の四観点（①知識・理解，②技能，③思考・判断・表現，④関心・意欲・態度）を，より直接的に学力の三要素に対応させた三観点（①知識・技能，②思考力・判断力・表現力，③主体的に学習に取り組む態度）に整理する必要性が提起されています。そして，資質・能力をバランスよく評価するために，知識量を問うペーパーテストのみならず，パフォーマンス評価をはじめとする多面的・多角的な評価方法を用いていくことが必要だとされています。そして，こうした評価改革は，「大学入学希望者学力評価テスト（仮称）」で記述式問題を導入する，各大学の個別選抜でアドミッション・ポリシーにもとづく多面的・総合的評価を確立・拡充するといった形で，高大接続・大学入試改革のレベルでも徹底されようとしています（図 1-4 参照）。

　その際，まさに「大学入学希望者学力評価テスト（仮称）」が，「分析的な思考力や表現力」のみならず「統合的な思考力や表現力」を評価するために記述式問題を導入するとしているように，たんに学習を幅広く評価するということではなく，学習者に求める学力の質に注目しながら，パフォーマンス評価などの新しい評価方法を用いる意味をとらえていくことが大切です。また，パフォーマンス課題への取り組みや作品を，さらには総合学習での試行錯誤を含んだ息の長い学びの履歴を，ポートフォリオに蓄積し，それを AO 型の個別選抜の資料とするといった具合に，教室での授業や学習に埋め込まれた評価をもとにした接続システムを構築するには，人間の目による丁寧な選考のシステムを担う専門部署の設置，教室ベースの質的評価の妥当性・信頼性を支える教師の評価眼や評価リテラシーを育む研修の機会の充実など，条件整備が欠かせないでしょう。

図1-4 「知識・技能」「思考力・判断力・表現力」とそれらを評価する方法の
　　　　イメージ例（たたき台）

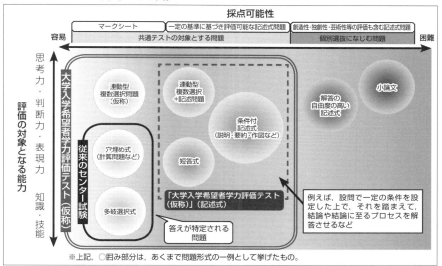

出典：中央教育審議会，2016，補足資料239頁

（2）観点別評価をどうとらえるか

　資質・能力の育成やアクティブ・ラーニングをめざす一貫改革が進むなかで，とくに高校現場では，観点別評価への取り組みが課題となっています。観点別評価の基本的な趣旨を理解するうえでは，現行の小・中学校での観点別評価の実践よりも，むしろ大学のシラバスの評価方法の示し方から学ぶことが有効でしょう。すなわち，大学の授業のシラバスで，ペーパーテストの点数が3割，レポートの点数が7割で成績をつけると書いているとき，その教師の頭の中では，ペーパーテストで「知識・技能」の習得状況を見ていこう，あるいは，そこに少し論述問題も入れることで，概念の意味がわかっているかどうかも見ていこうとしているのではないでしょうか。さらに，レポートを課す背景には，知識習得に解消されない「思考力・判断力・表現力」的なもの，たとえば，授業内容についての論理的で総合的な理解や自らの主張を組み立てる力が育って

いるかどうか，あるいは，思考することに即して求められる「主体的な態度」，たとえば，自分なりの問題意識を粘り強く追究し，論じられているかどうかを評価する意図があるのではないでしょうか。まさにこれこそが観点別評価です。

現行の小・中学校での観点別評価は，ややもすれば毎時間の授業の過程で，教師の丁寧な観察により思考・判断・表現や関心・意欲・態度の表れを見取る評価としてとらえられがちです。しかし，そのような形での観点別評価は，評価の問題を授業過程での子ども理解一般と混同するとともに，それゆえに，授業において教師はつねに評価のためのデータ取りや学習状況の点検に追われることになりかねません。

戦後日本を代表する実践家である斎藤喜博（1970）は，授業における教師の判断力の本質を，「見える」という言葉で表現しました。意識的に「見る」のではなく，教師の経験や技量のレベルに応じて，授業中に自然と視界に入るものであり，次の対応の方向性をも内包した，子どもや授業の事実への敏感さをそれは意味しています。

教師は授業を進めながらいろいろなことが「見える」し，見ようともしています（「見取り」）。しかし，授業中に熱心に聞いているように見えても，後でテストしてみると理解できていなかったりと，子どもの内面で生じていることは，授業を進めているだけでは見えず，そもそも授業を進めながらすべての子どもの学習を把握することは不可能です。さらに，公教育としての学校には，意識的に「見る」べきもの（保障すべき学力〈教育目標〉）があります。このように，教える側の責務をはたすために，すべての子どもたちについて全数調査的に取り立てて学力・学習（指導の成果として「教ええたこと〈taught outcome〉」）の実際を把握したいとき，その方法を工夫するところに，「評価」を意識することの意味があります。そして，判定・選抜・対外的証明や成績づけのために「評価」情報の一部が用いられるのが「評定」です。

指導案を見てみると，授業の導入場面で「関心・意欲・態度」の観点を評価し，個人やグループでの活動や対話の場面で「思考・判断・表現」の観点を評価す

るといった具合に，1時間の授業過程の節目において，子どもの発言や行動の観察をもとにした評価の場面が位置づけられがちです。しかしそれは，多くの場合，「指導の留意点」といった形で，もともと指導論として意識されていたものを，「形成的評価」と言い換えたもので，指導過程に埋め込まれていた実践者の応答的で反省的な思考（見取り）を拾い上げていくものになっています。

こうして，「思考・判断・表現」等の「見えにくい学力」の評価は授業中のプロセスの評価（観察）で主に担われることになりがちです。他方，単元末や学期末の総括的評価は，業者テスト等，依然として知識・技能の習得状況を測るペーパーテストが中心で，そうした既存の評価方法を問い直し，「見えにくい学力」を新たに可視化する評価方法の工夫は十分には行われているとはいえません。

また，指導過程での応答のプロセスを形成的評価として読み替えてしまうことは，インフォーマルな見取りで十分な情報が得られていた部分についても，わざわざ判断規準の明示や証拠の提示を求めることにつながりかねません。それは，授業過程での学びのすべてをずるずると無限定に評価の対象とすること（指導の評価化）につながり，評価の全面化と煩雑化をもたらすことになります。

「アクティブ・ラーニングの評価」という言葉をしばしば聞きますが，そうした問題設定のしかたは，学習を通してどんな力を育てたいのかという目標に関する問いを伴わないとき，学びの証拠集めはしても改善につながらない，「評価のための評価」に陥ることが危惧されます。「指導と評価の一体化」の前に，「目標と評価の一体化」を追求する必要があります。「アクティブ・ラーニングの評価」という問題設定は「（アクティブ・ラーニングを通じて育成すべき）資質・能力の評価」と設定し直される必要があるのであって，アクティブ・ラーニングを通じて育つものを明確にし，最終的にすべての子どもたちについて確かめ保障したいものを絞り込むことが重要なのです。絞り込んだ目標について，授業過程での抽出調査的な観察からクラス全体のおおよその傾向を把握したり，1時間で数名ずつ注意して見ていったり，授業後にノートで確認したりと，ゆ

るやかに子どもの学習状況を形成的に評価していく，そして，全員について結果が確かに保障されているかを評価する場面を授業の外で取り立てて設けたりするわけです。

評価の問題については，評価したい学力や学習の中身を考えることが出発点であり，それを考えることで，評価実践のあり方の大枠は決まります。たとえば，観点別評価で各観点の重みづけを考える場合も，たとえば，実際の授業が一方的な講義的な授業であれば，原則から考えれば，「思考・判断・表現」よりも「知識・理解」の観点の割合を大きくすべきといった具合に，授業や学習の実際に応じて決定されるべきものでしょう。

(3) 学力の質的レベルに応じた評価方法のデザイン

目標を明確化し，適した評価方法を設計していくうえで，先述の学力の質的レベルに注目することが有効です。学力の質的レベルに応じた評価課題の設計について，小学校の算数の例で考えてみましょう。

【問1】35×0.8＝（　　　）

【問2】「計算が35×0.8で表わせるような問題（文章題）を作りましょう。」

【問3】「あなたは部屋のリフォームを考えています。あなたの部屋は，縦7.2m，横5.4m，高さ2.5mの部屋です。今回あなたは床をタイルで敷き詰めようと考えています。お店へいったところ気に入ったタイルが見つかりました。そのタイルは，一辺が30cmの正方形で，1枚550円です。お金はいくら必要でしょうか。途中の計算も書いてください。」

上に示した三つの問題は，小数のかけ算の単元の単元末で使える評価課題としてつくりました。三つとも，関連する内容は小数のかけ算ですが，それぞれが試している力，測っているものの違いに気づくでしょう。

問1は，単純に計算技能を問う課題です。問2については意見が分かれます。文章題をつくるので，表現力を問うているのではないかという人もいます。ここで，評価課題をつくるときのポイントの一つを確認しておくと，その評価課題で

学習者はどこで一番つまずくか，難所はどこかを考えることが重要です。問2の場合，難所となるのは，文章題をつくるところよりも，35×0.8で表わせるような場面を具体的にイメージできるかどうかという部分でしょう。

　さらにもう一つ考えるべきは，その部分は算数的に意味があるかということです。35×0.8を具体的な場面でイメージすることは，計算の意味を理解することと関連するので，算数的に意味があるといえます。これに対して，文章題をつくるということは，これは算数の先生になるのなら意味のある表現力ですが，算数的・数学的に意味がある表現力とは必ずしもいえないわけです。なので，もし35×0.8のイメージがもてているが，文章題をつくるところで困っていそうという状況なら，文章題としてのまとめ方を教えてあげればよいということになります。一つの評価課題について，さまざまな内容や能力を評価しようと思ったら評価できるわけですが，その評価課題で主に評価すべきことを絞っておく必要があります。以上から，問2は，計算の意味理解を問う課題となるわけです。

　問3は，小・中学生を対象に実施されている全国学力・学習状況調査のB問題のような問題です。この課題をつくったときに考慮したポイントの一つは，リフォームの場面といった具合に，現実世界でありそうな場面（文脈）を設定したという点です。こうしたタイルによる敷き詰めという作業を，小学生や中学生がやるかといえば，実際にはやらないでしょう。しかし，こういう場面はありそうだ，リフォーム業者ならこういう計算をしそうだという，そういう設定にはなっていると思います。「ありそうな場面」を考えるわけです。ありそうな場面であれば，自分が実際にやることはなくても，その場面に身を置くことはできるでしょうし，そこでシミュレーションとして取り組むことができるでしょう。

　もう一つ，この問題をつくるときのポイントに関わって，問題のなかに解決に使わなくてもいい数値が入っています。高さ2.5mは使わなくてもよいのです。これは単に引っかけ問題にするために入れたわけではありません。この課題で

何を見たいかというと，算数を使って現実世界の問題を解決する力を見たいわけです。算数を使って現実世界の問題を解くうえでポイントになってくるのは，現実世界の問題を算数の問題として見立てること（数学的モデル化），そして，この場面でならこの知識が使えそうだ，そのためには，こういう情報が必要だということを判断したうえで，自分なりに戦略的に筋道立てて考えること（数学的推論）です。このように，数学的モデル化と，数学的推論といったプロセスを学習者が経験できるように課題をつくったわけです。

ただ，この評価課題には改善の余地があります。現実世界の問題を解決するといいながら，この問題はきっちりと割り切れてしまうのです。現実世界の問題を数学的に解決する力を測りたいのなら，教室のなかでの数学的な問題解決と違う部分に目を向けないといけないわけです。それでいうと，現実世界の問題というのは，多くの場合割り切れないわけです。割り切れないからこそ，数学の世界で導き出した解を，もう一度現実世界に戻して吟味し，その適切性を解釈するというプロセスが必要になってくるわけです。問3は，その機会を奪ってしまっているということになります。何より，問題を解ききって割り切れると知ったとき，子どもたちは，見た目はいつもの算数の問題とは違うけど，結局いつもの（子ども向けに加工された）算数の問題だと感じ，問題解決のリアル感が損なわれてしまうでしょう。以上のように，問3は，知識・技能の総合的な活用力を問う問題としてつくりました。

先述の教科の学力の質の三層構造でいうと，問1は「知っている・できる」レベル，問2は「わかる」レベル，問3は「使える」レベルに対応するわけです。このように，学力の質的レベルに応じて適切な評価方法を選ぶことが重要なのです（図1-5）。「知っている・できる」レベルであれば，穴埋め問題や選択式の問題など，客観テストで問うことができます。たとえば，「三権分立の三権を答えよ」といった具合に，客観テストで問うことができます。しかし，「わかる」レベルについてはそうはいきません。知識の意味理解の成立において重要なのは，知識同士のつながりとイメージです。そうすると，ある概念につい

図1-5 学力の質と評価方法との対応図

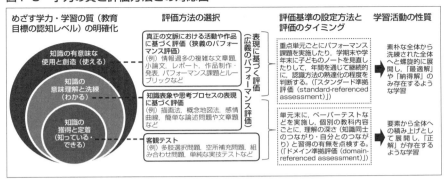

出典：石井, 2012, 140頁

て例を挙げて説明したり，頭のなかの構造やイメージをマインドマップに表現したり，少し論述したり，適用問題を解かせたりするような機会がないと判断できないわけです。たとえば，「三権分立が確立していない場合，どのような問題が生じるのか述べよ」といった問いに答えられるかどうかを問うわけです。個別の概念が理解できていても，それをもとに現実の諸課題について判断したり，問題解決したりできるとは限りません。たとえば，三権分立という観点からみたときに，自国や他国の状況を解釈し問題点等を指摘できるかどうかは，それを実際にやらせてみないと評価できません。そうして実際に思考を伴う実践をやらせてみて評価するのが，パフォーマンス評価なのです。パフォーマンス評価については，第2章で詳しく述べます。

(4) 情意領域の評価のあり方

資質・能力の評価という場合にさらに問題となるのは，主体的な態度などの情意領域の評価をどうするかという点です。中教審「答申」では，「主体的に学習に取り組む態度」という観点と，資質・能力の柱の一つとして示された「学びに向かう力・人間性」との関係について，以下のように説明しています。すなわち，「学びに向かう力・人間性」には，「主体的に学習に取り組む態度」として観

点別評価を通して評価できる部分と，感性や思いやり等の観点別評価や評定にはなじまず，個人内評価により個々人のよい点や可能性や変容について評価する部分があるというのです。また，「主体的に学習に取り組む態度」については，挙手の回数やノートの取り方などで評価するのではなく，「子供たちが自ら学習の目標を持ち，進め方を見直しながら学習を進め，その過程を評価して新たな学習につなげるといった，学習に関する自己調整を行いながら，粘り強く知識・技能を獲得したり思考・判断・表現しようとしたりしているかどうかという，意思的な側面」(中央教育審議会, 2016, 62頁) により評価すべきだとされています。

　情意に関わる部分，とくに性向（ある状況において自ずと特定の思考や行動を取ってしまう傾向性や態度）や人間性といった価値規範に関わるものは，プライベートな性格が強く，それらを評価することは，個々人の性格やその人らしさまるごとを値踏みする全人評価につながることや，それによる価値や生き方の押しつけに陥ることが危惧されます。何より，「関心・意欲・態度」の評価（評定）については，学習者が授業への積極性を表面的にアピールしたり，授業態度が悪いと成績が悪くなるといった具合に，教師が子どもたちを管理する道具として用いたりする事態も生じていたように思います。

　こうした困難を伴う情意領域の評価について，ブルーム（Bloom, B. S.）らは，情意領域の評価が教化（価値の教え込み）や洗脳に陥らないための条件を下記のように整理しています（ブルームほか，1973）。

　まず，道徳的価値についてはその指導と評価は慎重であるべきですが，物事を鵜呑みにせずに批判的に思考しようとする態度などの認知的価値については，必ずしも指導と評価を躊躇する必要はないといいます。また，情意を「評価」することと「評定」することとを区別して議論することも重要です。情意領域は，成績づけ（評定）としての総括的評価の対象とすべきではありませんが，形成的評価を行うことは必要です。また，それが評定に用いられないならば，授業やカリキュラムの最終的な成果を判断する総括的評価も有効です。たとえば，単元の終了時にその単元で扱った社会問題に対してクラスの大部分が望ま

しくない態度を抱いているなら，それはカリキュラムの改善を促す情報となります。そして，そうしたカリキュラム評価に必要なのは，質問紙などによる集団の傾向を示すグループデータのみです。実際，PISA調査などの大規模学力調査では，学習の背景を問う質問紙調査でそうした評価はなされています。

　情意領域については，学力評価（学習者個人においてその形成をめざし個々人においてその有無を評価するもの）の対象というより，教育条件（教室や学校のシステム・共同体・文化）の質を問うカリキュラム評価の対象として位置づけることがもっと追求されてよいでしょう。学習観を問う質問紙調査，日常的な行動観察，思考を共に深めあう学習集団の育ちの評価などを通して，学級や学校の全体的傾向を把握するといった具合です。

　その際，学習への動機づけや意欲の評価については，教育活動が望ましい方向に向かっているかどうかを確認し，基本的には，望ましくない方向に向かっている場合に，改善の手立てを講じるという形となるでしょう。一方，知的態度や思考の習慣については，直接的に達成する対象というより，その学校のあらゆる教育活動の場面に浸透し，それを方向づける包括的価値や人間像（ミッション，ヴィジョン）として，学校教育目標のレベルで方向目標の形で明確化し，追求しつづけるという位置づけ方が考えられるでしょう。

　情意の中身を考える際には，学習を支える「入口の情意」（興味・関心・意欲など）と学習を方向づける「出口の情意」（知的態度，思考の習慣，市民としての倫理・価値観など）とを区別する必要があります。授業態度などの入口の情意は，授業の前提条件として，教材の工夫や教師の働きかけによって喚起するものであり，授業の目標として掲げ意識的に評価するものというよりは，授業過程で，学び手の表情や教室の空気から感じるものであり，授業の進め方を調整する手がかりとなるものでしょう。これに対して，批判的に思考しようとする態度などの出口の情意は，授業での学習を通してこそ生じる変化であり，目標として掲げうるものです。観点別評価の「主体的な態度」の評価については，基本的には「出口の情意」としてそれをとらえていくとともに，それを単体で評価す

るというよりは，「使える」レベルの学力を育む問いと答えの間の長い学習活動（思考のみならず，粘り強く考える意欲や根拠にもとづいて考えようとする知的態度なども自ずと要求される）をもとに，「思考・判断・表現」と併せて評価していくようにするのが妥当でしょう。

6　カリキュラム・マネジメントによる組織的な授業改善の必要性
（1）カリキュラム・マネジメントとは何か

　現場ではとくにアクティブ・ラーニングへの注目度は高いです。しかし，何のためのアクティブ・ラーニングなのかを問うことなく，「どうやったらアクティブ・ラーニングを実践したことになるのか」と，特定の型を求める技術主義に陥ってはいないでしょうか。また，教師個人レベルでの授業改善にとどまっていないでしょうか。

　こうした傾向を是正するうえで，カリキュラム・マネジメントを意識することが一定有効です。「各学校が，学校の教育目標をよりよく達成するために組織としてカリキュラムを創り，動かし，変えていく，継続的かつ発展的な，課題解決の営み」が，カリキュラム・マネジメントです（田村，2011，2頁）。中教審「答申」では，カリキュラム・マネジメントの三つの側面として，下記が挙げられています。「①各教科等の教育内容を相互の関係で捉え，学校教育目標を踏まえた教科等横断的な視点で，その目標の達成に必要な教育の内容を組織的に配列していくこと。②教育内容の質の向上に向けて，子供たちの姿や地域の現状等に関する調査や各種データ等に基づき，教育課程を編成し，実施し，評価して改善を図る一連のPDCAサイクルを確立すること。③教育内容と，教育活動に必要な人的・物的資源等を，地域等の外部の資源も含めて活用しながら効果的に組み合わせること」（中央教育審議会，2016，23-24頁）

　こうしたカリキュラム・マネジメントの強調については，国が果たすべき条件整備（教育内容の精選と授業時間数の確保，教員の労働条件の改善や学びの機会

の保障，人的・物的・知的資源の整備と財政的支援など）の責任を，現場の自助努力に委ねることにならないよう，注意が必要です。その一方で，カリキュラム・マネジメントを，ボトムアップに共有されたヴィジョンでつながった自律的な専門家のコミュニティを構築する方向性の下でとらえるなら，それはまさに目標・指導・評価の一貫性を問い，目標実現に向けて，学校や教師集団がチームとして，教科の枠も超えて，協働的・組織的に実践とその改善に取り組むことを促しうるわけです。新学習指導要領では，アクティブ・ラーニングとカリキュラム・マネジメントが両輪とされていますが，そのことの意味はこのような文脈でとらえられる必要があります。

　教師個人レベルの授業改善が進むことが必ずしも，学校改善や子どもの学びの充実につながるとは限りません。教師によって子どもたちが見せる顔を変えているような状況は，学校として崩れにくい安定した状況とは言えません。「この先生の授業（だけ）は信頼できる」ではなく，「この学校の先生の授業は信頼できる」という，その学校の授業に対する面の信頼を構築していくことが肝要です。

　授業のクオリティは，教師同士が学び合い，共に挑戦しつづけるような同僚性と組織文化があるかどうかに大きく規定されます。すぐれた教師がたくさんいる学校がよい学校なのではなく，その学校にいると普通の先生が生き生きとしてすぐれた教師に見えてくるような学校がよい学校なのです。そして，学校のさまざまな次元における組織力を土台として，子どもたちの学びの質は高まっていくのです。

　このように，一過性の改革ではなく，持続的な授業改善・学校改善につなげていくためには，教師たちが目の前のすべての子どもたちの学びにチームとして責任を引き受け，協働で授業改善に取り組むシステムと文化の構築が重要です。とくに，今回の改革の本丸である高校においては，教師個々人が個人技を競うこと以上に，こうしたチームで授業改善に取り組むシステムと文化を確立していくことが追求されるべきでしょう。

(2) ヴィジョンの対話的共有の重要性

　本業である授業を通して学び合う組織を創っていくうえでは，ヴィジョンの共有と協働する場づくりの両者を関連づけつつ追求していくことが求められます。協働する場づくりという点について，とくに小学校において展開してきた，「授業研究」（授業公開とその事前・事後の検討会を通して教師同士が学び合う校内研修の方法）の文化は，教師個々人の力を伸ばすという視点だけでなく，学校の組織力を高めるという視点から，学習する組織の中心（教師たちが力量を高め合い，知を共有・蓄積し，連帯を生み出す場）としてその有効性が確認されてきています（石井，2017b）。

　他方，資質・能力ベースのカリキュラム改革は，教育政策の立案に関わる者のみならず，それぞれの学校や現場の教師たちが，理念や目的に関わる議論に正面から向き合うこと，すなわち，目の前の子どもたちに何が必要なのか，どのような社会を，どのような学校教育をめざすべきなのかといった，学校教育目標やヴィジョン（めざす学校像や子ども像）について自分たちの頭で考えることを求めています。

　各学校で学校教育目標を語り合う機会をもつことは，アクティブ・ラーニングなどの新しい手法の導入が，上からの手法の押しつけや形式主義につながるとの危惧に対して，現場の自律性を担保し，実質的な創意工夫を促す契機にもなりえます。教師たちが協働で，子どもや学校の実態や課題について話し合い，そこからめざす子ども像や実践上の合い言葉や学校全体で取り組む手だてを共有していく。たとえばアクティブ・ラーニングを導入するにしても，その学校の課題やヴィジョンに即して必要性を明確にし，その学校なりの定義を創出・共有していく。そうした学校の診断的な自己評価に裏づけられたボトムアップの協働的な目標づくりによって，実践の基本的な方向性や目標を共有する一方で，それぞれの教師の実践哲学や授業スタイルを生かした創意工夫を尊重し，新たな実践の提案を期待するわけです。

（3） カリキュラムにおける汎用的スキルの位置づけ

　すでに述べたように，資質・能力ベースのカリキュラムが志向されるなか，各学校の課題に即して汎用的スキルを明確化し，それぞれの単元や授業のレベルでそれを目標として意識し，さらには評価の対象にもしていく動きもあります。認知的な側面に限らず，全人教育の観点から目の前の子どもたちの課題を把握し，それを汎用的スキルの形で明確化し，教科学習も含めカリキュラム全体で意識していくこと自体は，一定の有効性はあるでしょう。ただその場合，汎用的スキルを直接的に指導する手だてを講じ，教科をクロスする指導事項としてそれを位置づけていくことは，授業の煩雑化や形式化をもたらしかねません。

　汎用的スキルを明確化する場合，教科をクロスするものというよりも，カリキュラム全体を覆うアンブレラとして，先述した学校教育目標のレベルで位置づけることが有効でしょう。たとえば，論理的に考えたり話したりすることに課題がある子どもの実態から「論理的思考」を汎用的スキルとして育てたいという場合，それは教科の単元や授業で何らかの手だてによって指導するものという以前に，日々の学校生活での子ども同士，そして教師と子どもとのやりとりが論理的であるかどうかが第一義的に問われねばならないものでしょう。しかも，そこで論理的であるかどうかが問われているのは，子どもではなくむしろ教師のほうかもしれません。学校教育目標として，めざす学びの姿（ヴィジョン）の一部として汎用的スキルを明確化するとともに，そうしたヴィジョンを学校に集う子どもたちが，さらには教師たちも追求することで，それは学校の日常に浸透し，学校文化のレベルで具体化されていくのです（次頁の表1-4）。

　仮に，それぞれの単元や授業の教科に即した目標に加えて，指導案等で汎用的スキルを明示するにしても，方向目標や授業づくりの視点として，その育成に向けた指導の工夫と想定される子どもの姿を明確にする程度にとどめ，形成的評価や授業評価の視点（めざす方向で授業が展開でき，学級全体としてその方向

表1-4　教育目標のレベル分け

目標のレベル	授業・単元目標		教科・年間目標	学校教育目標
目標内容	知識・技能の習得	概念の意味理解	認知的・社会的スキルの育成	価値観・信念の形成 態度・思考の習慣の形成
育成方法	各教科の本質的な内容に関する，子どもの素朴概念を把握し，その科学的概念への組み換えを目指して，教材や学習活動を工夫する。		思考する必然性のある課題に取り組ませ，内容や論点に対する認識を深めさせるとともに，その過程で課題を超えて繰り返す学習・探究の様式（学び方）を，中長期的に指導する。	子ども，教師などが，目指すべき価値や行動様式を共有し，日常的にそれを追求することにより，学校文化として浸透させる。
育ち具合の確かめ方	単元末に，ペーパーテストやノートの論述などをもとに，個々の子どもについて，教科内容の理解の深さと習得の有無を評価する（ドメイン準拠評価）。		単元や領域を超えて，類似のパフォーマンス課題を実施し，認知的・社会的スキルの洗練度の中長期的な変容を，単元や学期の節目で評価する（スタンダード準拠評価）。	インフォーマルな評価と日々の自己調整。あるいは，一年か数年ごとのカリキュラム評価・学校評価の一環として，子どもや教師へのアンケートなどをもとに学校全体の傾向を把握する。

出典：石井，2006，117頁の表を加筆修正

で育っているかどうかを確かめる）とはしても，学力評価や評定の対象にはしない形が妥当でしょう。

（4）資質・能力の教科横断的で長期的な指導と評価

　教科において「使える」レベルの学力を育てる「真正の学習」をデザインするうえで，教科を横断して学びをつなぎ，既存の教科の枠やイメージを越え，各教科における総合性を追求することが有効です（例：社会科の調べ学習で得たデータを整理する必要性が出てきたら，それを算数の時間で引き取って，資料の活用の学習として生かしたり，国語や英語での論理的な文章の書き方の指導を，理科の課題研究での論文作成と連携して進めたりする）。また，1時間や1単元といった短いスパンではなく，1年間，あるいは学年をも越えたスパンで，その授業や単元の位置づけを考えることも，学びの総合性につながるでしょう（例：繰り

下がりのある減法の単元を1年生の「数と計算」領域の総括的な単元ととらえることで，繰り下がりのある減法しか扱えないという発想から自由になり，三つの数の加減等の既習事項も視野に入れてよりダイナミックに課題を考えられるようになる。関数的な見方という単元横断的で学年縦断的なメタな目標を意識することで，比例，二次関数といった内容に必ずしも縛られず，自然や社会の伴って変わる二つの数量の関係をとらえ，未知の数量を予測するプロセスを経験させることを軸に，総合的な課題を考えられるようになる)。

　こうして，協働的問題解決を軸にしたプロジェクト的な活動を組織し，そこに思考過程を表現する機会を埋め込むことで，教科の学習に即しつつ，認知的・社会的スキルの育ちをパフォーマンス評価で長期的に評価していくわけです。「知識・技能」については，授業や単元ごとに，理解を伴って習得しているかどうか（到達・未到達）を評価する（項目点検評価としてのドメイン準拠評価）。一方，「思考・判断・表現」などについては，重要単元ごとに類似のパフォーマンス課題を課し，学期や学年の節目で，認知的・社会的スキルの洗練度を評価するわけです（水準判断評価としてのスタンダード準拠評価）。たとえば，単元で学んだ内容を振り返り総合的にまとめ直す「歴史新聞」を重点単元ごとに書かせることで，概念を構造化・体系化する思考の長期的な変容を評価する。あるいは，学期に数回程度，現実世界から数学的にモデル化する思考を伴う問題解決に取り組ませ，数学的なモデル化・推論・コミュニケーションの力の育ちを評価するわけです。

　資質・能力を実質的に育んでいくうえで，教師には，教室からのカリキュラム開発の主体として，授業，単元，教科，学年といった枠を越えて，教科横断的かつ長期的に学びをイメージしつないでいく鳥瞰的視野（カリキュラム構想力）が求められるのです。

第2章

今求められる学力・学びと指導と評価のあり方

1　資質・能力ベースのカリキュラム改革の展開

(1) 改革の根っこをつかむ

　第1章では，新学習指導要領が提起するキーワードをどう読むかを示してきました。しかし，すでに述べたように，キーワードが変わっても改革の基本的な方向性に変化はない点を認識しておくことが重要です。新学習指導要領をはじめ，内容ベースから資質・能力ベースへのカリキュラム改革の背景にある，社会の変化，およびそれに伴う学校教育に期待される役割の変化について確認しておきましょう。

　グローバル社会，知識基盤社会，成熟社会等と呼ばれ，個別化・流動化が加速する現代社会（ポスト近代社会）においては，またAIの進化により，機械ではできない人間ならではの学習や有能性を発揮していくことが求められる状況下では，生活者，労働者，市民として，他者と協働しながら「正解のない問題」に対応する力や，生涯にわたって学び続ける力など，高度で汎用的な知的・社会的能力が必要とされています。

　しかし，このように言うだけでは，どのような学力や学びをめざしていけばよいのか，その具体はつかめないでしょう。「○○社会」や「○○力」という言葉が氾濫するなか，「○○社会」と「○○力」の間をつなぐ人間像をイメージし，めざす子ども像を描くことが重要です。たとえば，「知識基盤社会」というキーワードについて，それはどういう社会でそこで活躍する人間の姿はどのようなものなのでしょうか。「ものづくり」の代表格と思われている自動車産業も，性能のよい車（もの）をつくることより，自動運転をベースにした移動サービスを提供することへと重点が移行してきています。ソフトウェアやサービスの開発においては，既存の枠にとらわれず，新しいアイデアやイノベーションを絶えず生み出し続ける人材や人々のネットワークが重要となります。こうして，労働者に求められるスキルはソフト化し，専門性も国も地域も超えて他者と協働しながら，問題解決や価値創造を行い，そのなかで自らも絶えず

知識や能力を更新していくことが求められます。これが「知識基盤社会」の一つのイメージです。同様に，環境破壊，原子力，遺伝子操作といったリスク社会の諸問題を自分たちの頭で判断していく市民の姿なども考えていくと，変わりゆく社会で求められる能力の具体が見えてくるでしょう。たとえば，そのように考えていくと，コミュニケーション能力一般ではなく，第1章で述べたような，弱いつながりをベースにした創発的なコミュニケーションに参画する能力がより重要になっていることがわかるでしょう。

こうした社会の変化を受けて，先進諸国のカリキュラムでは，教科の知識・技能に加えて，キー・コンピテンシーや21世紀型スキルのように，教科横断的な能力を明確化する動きがみられます。そこでは，批判的思考，意思決定，問題解決，自己調整といった高次の認知的スキルに加えて，コミュニケーションと協働といった社会的スキル，さらに協働的な知識構築・問題解決にメディアやテクノロジーを活用するスキルなどが挙げられています。

(2)「真正の学習」の必要性

では，これまでの学校教育は，現代社会をよりよく生きる力を育ててきたかといえば，必ずしもそうとはいえません。たとえば，ドリブルやシュートの練習(ドリル)がうまいからといってバスケットの試合（ゲーム）で上手にプレーできるとは限らず，ゲームで上手にプレーできる力は，実際にゲームするなかで可視化され，育てられていきます。しかし，従来の学校教育では，子どもたちはドリル(知識・技能の訓練)ばかりして，ゲーム(学校外や将来の生活で遭遇する本物の，あるいは本物のエッセンスを保持した活動：「真正の学習〈authentic learning〉」)を経験せずに学校を去ることになってしまっているというわけです。

とくに現代社会が求める「正解のない問題」に対応する力に関していえば，正解のある問題ならだれかに正解を教えてもらえばよいのですが，正解のない問題については，納得解や最適解を自分たちで創っていかねばなりません。そして，最適解を創る力は実際にそれを他者とともに創る経験なしには育ちませ

ん。思考力，判断力，表現力，コミュニケーション能力，実践力等，「○○力」は，思考する，判断する，表現する，コミュニケーションする，実践するといった具合に，いずれも動詞で表すことができます。そして，そうした動詞で表されるものは，たとえば，いくらテニスの指南書を読んでも実際にテニスをしなければテニスが上手にならないように，技の学習一般がそうであるように，実際にやってみないと伸びないのです。

より高次でより全人的な能力を志向して高まり続ける社会から人間への「実力」要求をふまえ，学校でできること，すべきこと（「学力」）の中身や，学びのあり方を問い直していくことが求められているわけです。

(3) 資質・能力ベースのカリキュラムの危険性と可能性

資質・能力やコンピテンシーを重視する改革については，表2-1に示したような危険性と同時に可能性も見いだすことができます。しかし実際には，資質・能力ベースへのカリキュラム改革に関しては，PISAショックへの対応が，「言語活動の充実」という授業方法レベルの取り組みに収斂していったように，「何を教えるのか」という教育内容論レベルでの問い直しがなされないままに，「いかに教えるのか」「アクティブ・ラーニングをどう実践するか」という授業方法レベルで形式的に対応がなされることが危惧されます。すなわち，汎用的スキルなどの形式的な資質・能力が直接的にカリキュラム上で付加されること，「アクティブ・ラーニング」など，授業の進め方や授業を語る言葉がより直接的に制度的に規定されること，さらには，内容の指導に外在的に追加された認知的・社会的スキルの短期スパンでの指導と評価により実践が煩雑化・形式化することが危惧されるのです。

また，カリキュラム全体で実生活や社会に開かれた学びをめざす一方で，ICTの活用や異質な他者とのアクティブな対話によるイノベーション等が大人社会で求められるからといって，学校教育の全過程でそれを強調する必要はないという点に留意しておかねばなりません。とくに，コンピテンシー・ベース

表2-1 資質・能力ベースのカリキュラムの危険性と可能性

改革の三つの志向性	危惧する点	可能性として展開すべき点
学校での学びの社会的有用性を高めていく志向性	社会的有用性を高めていくことが、経済界からの要請に応え、「国際競争を勝ち抜く人材」や「労働者として生き抜く力」を育てることに矮小化され、早期からの社会適応（個人の社会化）を子どもたちに強いることにつながりかねない。	内容項目を列挙する形での教育課程の枠組み、および、各学問分野・文化領域の論理が過度に重視され、レリバンスや総合性を欠いて分立している各教科の内容を、現代社会をよりよく生きていくうえで何を学ぶ必要があるのか（市民的教養）という観点から問い直していく機会となりうる。
全人教育・全面発達への志向性	「○○力」という言葉を介して教育に無限責任を呼び込みかねない。全人格や日常的な振る舞いのすべてが評定のまなざしにさらされかねない。	「学力向上⇒教科の授業改善」という図式に限定された人々の視野を広げ、教科と教科外、さらには学校外の学びの場も視野に入れて、子どもの学習環境をトータルに構想する機会としても位置づけうる。
学びの活動性・協働性・自律性を重視する志向性	カリキュラム上に明示された教科横断的な汎用的スキルが一人歩きすることで、活動主義や形式主義に陥る。とくに、思考スキルの直接的指導が強調され、しかもそれが評価の観点とも連動するようになると、授業過程での思考が硬直化・パターン化し、思考する必然性や内容に即して学び深めることの意味が軽視される。	認識方法面（プロセス）から目標や教科の本質をとらえることで、「1時間でこの内容をこの程度までは必ず習得させないと」という認識内容面の学問的厳密性の要求（教科を学ぶこと・正解を学ぶこと）をゆるめ、学習者主体の試行錯誤を含んだ思考やコミュニケーション（教科すること・最適解をつくること）を許容しやすくなる。

出典：石井，2015a，10頁に加筆

による幼・小・中・高・大の一貫改革は、学校から社会への移行のゆらぎ（企業の人材育成機能の低下や人材育成を担う余裕のなさ、社会人として一人前に育成していく社会全体の機能の低下など）に対して、壮大な一貫キャリア教育を構想する改革と見ることもでき、既存の社会（企業の人材要求）に効率的に適応させていく教育にならないように注意が必要です。

　学校教育の制約や強みをふまえるなら、子どもたち個々人の精神機能の発達やアイデンティティ形成といった観点からそうした社会の要求をふるいにかけ、文化遺産の獲得や文化的実践を介して「実力」形成を間接的に展望することが重要です。こうして、とくに小学校段階であれば、安定した関係性の下で、継続的に系統的に認識を深め、自分らしさ（認識枠組みや思想の根っこ）をゆっくりと

構築していく，そうした静かな学びの意味（深い思考がもたらす沈黙や間）にも目を向けねばならないでしょう。

また，知識（データ）爆発の状況下で，しかも，必要な知識・情報はネット上でだれもがアクセスできるといった状況だからこそ，知識の習得を軽視するのではなく，むしろより普遍性をもった骨太の知識（文化・教養）を学ぶことの意味にも目を向けていく必要があります。大量の情報（その多くは自分の求める範囲や思考の枠内に収まるもの）に埋もれず価値ある情報を選び出し，自分の視野の範囲を超えた知や情報との出会いを生み出すために，また，活動的で協働的な学びを通して深める価値のある内容を絞り込むためにも，専門家コミュニティでの議論と検証を経た，あるいは論争過程の，世界認識の枠組みの核となりうる内容（議論の厚みのある知識）を軸に，カリキュラムを精選・構造化していくことが必要でしょう。

こうして，社会的有用性と文化的豊かさの両面が保障されることで，社会に適応し生き抜くだけでなく，そのなかで自分らしさを守り，生き方の幅を広げ，社会をより善く生きていく力が育まれていくのです。また，とくに人文学・社会科学に根ざした議論の厚みのある知識を，子どもたちの足下の現実・生活と関連づけつつ学び深めていくことで，際限なき経済発展と競争をもたらすグローバル経済といった既存の社会を相対化し，それに代わる社会のあり方を構想していく可能性も生まれうるでしょう。

2　日本の教師たちが追求してきた創造的な一斉授業の発展的継承

では，そうした文化的な学び（教養）を含んで社会への参加（実践的知性）につなげる真正の学びをどう構想していけばよいのでしょうか。この点について，日本の伝統的な授業像のエッセンスを確認しつつ，それを批判的に継承する新たな授業像の輪郭を描くことで応えてみましょう。

(1) 資質・能力育成とアクティブ・ラーニングが提起していること

　資質・能力育成やアクティブ・ラーニングに向けた授業改善が叫ばれてはいますが，これまでの教科学習でも，知識の習得だけがめざされてきたわけではありませんし，一方的で画一的な一斉授業を超える試みも少なからずなされてきました。とくに小学校においては，創造的な一斉授業（クラス全体での意見交流にとどまらず，教師の発問によって触発されたりゆさぶられたりしながら，子どもたちが互いの考えをつなぎ，一人では到達しえない高みへと思考を深めていく「練り上げ型授業」）を通じて，主体的・協働的かつ豊かに内容を学び深め，「わかる」ことを保障し，それにより「生きて働く学力」を育てる授業が理想とされ，追求されてきました。

　資質・能力の育成やアクティブ・ラーニングに向かう前に，こうした日本の「わかる」授業，練り上げ型授業の蓄積を継承発展させていくことが必要です。一方で，こうした日本の伝統的な理想の授業像は，ここまでで述べてきたような，社会の変化，それに伴う学校に期待される役割や子どもたちの生活感覚・学び感覚の変化のなかでゆらいでいます。資質・能力やアクティブ・ラーニングといった改革のキーワードは，日本の伝統的な授業像への問題提起や一種の「ゆさぶり」と受け止めることもできます。

　まず，資質・能力の重視は，汎用的スキルを直接的に指導し評価することととらえられがちであり，また，資質・能力の一部として非認知的能力が強調されるなか，アクティブ・ラーニングについても，主体的・協働的であることのみを追求する傾向がみられます。教科内容の学び深めにつながらない，態度主義や活動主義に陥ることが危惧されるのです。

　しかし，第1章で確認したように，そもそも資質・能力ベースやコンピテンシー・ベースのカリキュラムをめざすということは，社会が求める「実力」との関係で，学校で育てるべき「学力」の中身を問い直すことを意味するのであって，汎用的スキルの指導と必ずしもイコールではありません。むしろ，「社会

に開かれた教育課程」というキーワードに注目し，子どもたちがよりよく生きていくことにどうつながるかという観点から，各教科の内容や活動のあり方を問い直していくことが大切です。

　また，アクティブ・ラーニングのような学習者主体の授業の重視も，伝達されるべき絶対的真理としての知識ではなく，主体間の対話を通して構成・共有されるものとしての知識という，知識観・学習観の転換が背景にあるのであって，対象世界との認知的学びと無関係な主体的・協働的な学びを強調するものではそもそもありません。何より，グループで頭を突き合わせて対話しているような，真に主体的・協働的な学びが成立しているとき，子どもたちの視線の先にあるのは，教師でも他のクラスメートでもなく，学ぶ対象である教材ではないでしょうか。対象世界へのまなざしを共有して没入して学び合っている構造においては，教師は子どもたちの視野や意識から消えたような状況に自ずとなっていることでしょう。

　アクティブ・ラーニングをめぐっては，学習者中心か教師中心か，教師が教えるか教えることを控えて学習者に任せるかといった二項対立図式で議論されがちです。しかし，授業という営みは，教師と子ども，子どもと子どもの一般的なコミュニケーションではなく，教材を介した教師と子どもとのコミュニケーションである点に特徴があります。この授業におけるコミュニケーションの本質をふまえるなら，アクティブ・ラーニングが学びの質や深まりを追求し続けるための視点として提起されていることを再確認し，子どもたちがまなざしを共有しつつ教材と深く対話し，教科の世界にのめり込んでいく（没入していく）学びが実現できているかを第一に吟味すべきでしょう。

(2)「わかる」授業の問い直しと学力の三層構造の意識化

　こうした「子どもたちがよりよく生きていくことにつながる学びになっているか」「子どもたちが教材と深く対話する学びになっているか」といった問いかけは，先述の日本の良質の伝統的な授業が正面から受け止めるべき問題提起

ととらえることができます。

「使える」レベルの学力を育てる

　従来の日本の教科学習で考える力の育成という場合，基本的な概念を発見的に豊かに学ばせ，そのプロセスで，知識の意味理解を促す「わかる」レベルの思考（解釈，関連づけなど）も育てるというものでした（問題解決型授業）。ここで，学力の質的レベルを提起した先駆的業績であるブルームの目標分類学において，問題解決という場合に，「適用（application）」（特定の解法を適用すればうまく解決できる課題）と「総合（synthesis）」（論文を書いたり，企画書をまとめたりと，これを使えばうまくいくという明確な解法のない課題に対して，手持ちの知識・技能を総動員して取り組まねばらない課題）の二つのレベルが分けられていることが示唆的です。「わかる」授業を大切にする従来の日本で応用問題という場合は「適用」問題が主流だったといえます。しかし，よりよく生きることにつながる「使える」レベルの学力を育てるには，折にふれて，「総合」問題に取り組ませることが必要なのです（次頁の表2-2）。

　多くの場合，単元や授業の導入部分で生活場面が用いられても，そこからひとたび科学的概念への抽象化（「わたり」）がなされたら，あとは抽象的な教科の世界のなかだけで学習が進みがちで，もとの生活場面に「もどる」ことはまれです。さらに，単元や授業の終末部分では，問題演習など機械的で無味乾燥な学習が展開されがちです（「尻すぼみの構造」）。すると，単元の導入で豊かな学びが展開されても，結局は問題が機械的に解けることが大事なのだと学習者はとらえるようになります。

　これに対し，よりリアルで複合的な生活に概念を埋め戻す「総合」問題を単元に盛りこむことは，「末広がりの構造」へと単元構成を組み替えることを意味します。学習の集大成として単元末や学期の節目に「使える」レベルの課題を設定する。そして，それに学習者が独力でうまく取り組めるために何を学習しなければならないかを教師も子どもも意識しながら，日々の授業では，むしろシンプルな課題を豊かに深く追求する「わかる」授業を組織する。こうして

表2-2　学力・学習の質のレベルに対応した各教科の課題例（中学校）

	国　語	社　会	数　学	理　科	英　語
「知っている・できる」レベルの課題	漢字を読み書きする。文章中の指示語の指す内容を答える。	歴史上の人名や出来事を答える。地形図を読み取る。	図形の名称を答える。計算問題を解く。	酸素，二酸化炭素などの化学記号を答える。計器の目盛りを読む。	単語を読み書きする。文法事項を覚える。定型的なやり取りができる。
「わかる」レベルの課題	論説文の段落同士の関係や主題を読み取る。物語文の登場人物の心情をテクストの記述から想像する。	扇状地に果樹園が多い理由を説明する。もし立法，行政，司法の三権が分立していなければ，どのような問題が起こるか予想する。	平行四辺形，台形，ひし形などの相互関係を図示する。三平方の定理の適用題を解き，その解き方を説明する。	燃えているろうそくを集気びんの中に入れると炎がどうなるか予想し，そこで起こっている変化を絵で説明する。	教科書の本文で書かれている内容を把握し訳す。設定された場面で，定型的な表現などを使って簡単な会話をする。
「使える」レベルの課題	特定の問題についての意見の異なる文章を読み比べ，それらをふまえながら自分の考えを論説文にまとめる。そして，それをグループで相互に検討し合う。	歴史上の出来事について，その経緯とさまざまな立場の声を紹介し，その意味を論評する歴史新聞を作成する。ハンバーガー店の店長になったつもりで，駅前のどこに出店すべきかを考えて，企画書にまとめる。	ある年の年末ジャンボ宝くじの当せん金と，1千万本あたりの当せん本数をもとに，この宝くじの当せん金の期待値を求める。教科書の問題の条件をいろいろと変えて発展的に問題をつくり，追究の過程と結果を数学新聞にまとめる。	クラスでバーベキューをするのに一斗缶をコンロにして火を起こそうとしているが，うまく燃え続けない。その理由を考えて，燃え続けるためにどうすればよいかを提案する。	まとまった英文を読んでポイントをつかみ，それに関する意見を英語で書いたり，クラスメートとディスカッションしたりする。外国映画の一幕をグループで分担して演じ，発表会を行う。

出典：石井，2015，37頁

　挑戦的な「総合」問題を単元全体を貫く背骨として位置づけることで，単元単位での学びの必然性やつながりやストーリー性を考えていくわけです。そして，「もどり」の機会があることによって，概念として学ばれた科学的知識は，現実を読み解く眼鏡（ものの見方・考え方）として学び直されるのです。

　国語科であれば，PISA が提起したように，「テキストを目的として読む」のみならず，「テキストを手段として考える」活動（例：複数の意見文を読み比べ

てそれに対する自分の主張をまとめる）を保障することで，学校外や未来の言語活動を豊かにする学びとなっていきます。一方で，社会と結びつけることを実用主義とイコールととらえてしまうと，よいプレゼンのしかたについて議論するといった職業準備教育的な国語教育に陥りかねません。四技能を総合するような活動（「使える」レベル）は，

図2-1 学力・学習の三層モデル

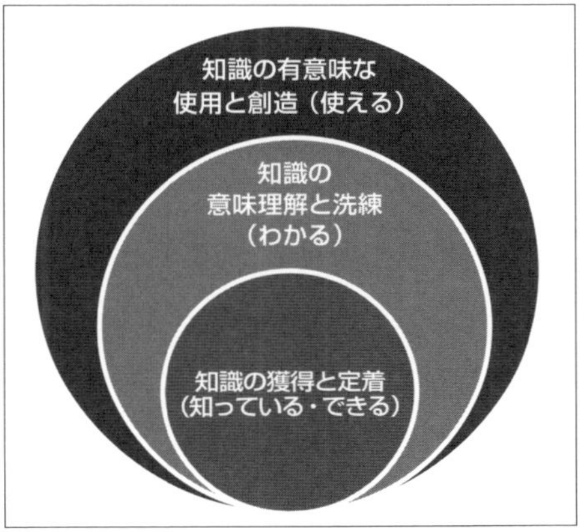

（図：知識の有意味な使用と創造（使える）／知識の意味理解と洗練（わかる）／知識の獲得と定着（知っている・できる）の三層の同心円モデル）

出典：石井，2015，22頁より一部抜粋

それに取り組むことでテキストのより深い読み（「わかる」レベル）が促されるような，ことばに関わる文化的な活動であることを忘れてはなりません。この後詳しく述べるように，図2-1で，「使える」レベルの円の中に「わかる」レベルや「知っている・できる」レベルの円も包摂されているという図の位置関係は，知識を使う活動を通して，知識の意味のわかり直し・学び直しや定着も促されることを示唆しています。「使える」レベルのみを重視するということではなく，これまで「わかる」までの二層に視野が限定されがちであった教科の学力観を，三層で考えるよう拡張することが重要なのであり，「使える」レベルの思考の機会を盛り込むことで，さらに豊かな「わかる」授業が展開されることが重要なのです。

学力の三層モデルの意味

図 2-1 で，「使える」レベルが「知識の有意味な使用と創造」となっているのは，それがキャリア教育的な実用性重視のみを意味しないことを示しています。たとえば，数学でいえば，数学を使う活動だけではなくて，数学を創る活動，すなわち，定理の証明や発見といった数学者の数学する活動も含むというわけです。「知識の有意味な使用と創造」というレベルのポイントは，「真正の学習」，

すなわち，その領域や分野のエッセンスであり，本質的で一番おいしい部分を学習者自身が体験し，その内容を学ぶ意味を実感するような学習の機会を保障することにあります。

　また，「わかる」レベルを「知識の意味理解と洗練」としているのは，わかる，理解しているという状態は程度問題だということを明示するためです。半わかりからよりよくわかる状態といったグラデーションで「わかる」，あるいは「理解している」という状態はとらえることができ，物事は完全にわかりきることはないということを示しています。

　授業の内容について「わけがわからない」という思いが積み重なっていくことで，子どもたちはその教科のことが嫌いになっていきます。また，教科書の内容を一人で理解して読めるようになるためには，概念を形成することが必要であり，毎時間の授業でできることでありすべきことは，授業外で一人で教科書を読みこなし，個別の知識同士を関連づけ構造化しながら自分で学んでいけるための，いわば綿菓子の芯になるような認識を形成することでしょう。

　このように，日々の授業において「わかる」授業をめざしていくことが重要なのですが，そこで本当の意味でわかっているということはまれであり，「わかった感」「納得感」を残して，何らかの形で半わかりの状態で終わっているというのが「わかる」授業のリアルな姿でしょう。グループ学習などの活動的で協働的な学びは，一人では解けなかったがクラスメートと一緒にやったら解けたし，説明を聞いてわかった気もするといった具合に，「わかった感」を残すうえで効果的なわけです。そうして「わかった感」を伴って実際には「半わかり」の状態で学習が進み，あるとき，「そういうことだったのか」とより深くわかる，わかり直しの瞬間が訪れる。このようにして理解は深まっていくのです。

　「わかる」ということが程度問題で，グループ学習がわかった感を残す意味をもつという点をふまえると，グループ学習で理解しているように見えた子どもたちが，テストをしてみると成績が振るわないといった現象が起こる理由もわかるでしょう。協働学習などを通じて得られた，わかった感を伴った半わかり

状態は，それを個において自分のものにする機会が保障されなければ，テストの点数などの結果にはつながりません。仲間と共同で学んだならば，個に戻して，他者との間で生じた思考やコミュニケーションを自分のなかに落とし込む機会を設ける。また，繰り返すことで，知識を一時的に獲得するのではなく，自動化したり身体化したりして定着させること（習熟）が重要なのです。「知っている・できる」レベルを，「知識の獲得と定着」としたのは，知識を一時的に獲得するだけでなく，自分のものにして定着させることの重要性を示唆するためです。

日々のわかる授業を創るポイント

わかる授業を創るためには，「目標と評価の一体化」と「ドラマとしての授業」の二つの発想を日々大事にするとよいでしょう。これらはともに，近年の教員の世代交代のなかで忘れられがちな部分であり，アクティブ・ラーニングなどの学習者主体の参加型授業において見落とされがちな部分でもあります。

「目標と評価の一体化」とは，毎時間のメインターゲット（中心目標）を一つに絞り込んだうえで，そのメインターゲットについて授業後に生じさせたい出口の子どもの姿（新たに何ができるようになったら，もともとの見方・考え方がどう変わったら，行動や態度がどう変わったら，その授業は成功といえるのか）を，実践に先だって考え，具体的な学習者の姿で目標を明確化することを意味しています。よく指導案で見かけるような「乗法の交換法則を理解している」といった形で目標を記述しても，それだけでは指導のポイントは明確になりません。そこから一歩進めて，「乗法の交換法則を理解できた子どもの姿（認識の状態）とはどのようなものか」「そこに至るつまずきのポイントはどこか」と問い，それに対する自分なりの回答を考えることが必要です。指導案で詳細に記述しなくても，仮にそうした問いを投げかけられたときに，「たとえば，縦長の用紙に書かれた6×3のマス目を見せながら，『紙を横にしたら3×6になる』といった説明ができたらいいだろう」といったことを，授業者は答えられる必要があるでしょう。すなわち「それをどの場面でどう評価するのか」「子どもが何をどの程度できるようになればその授業は成功といえるのか」と，事前に

評価者のように思考するわけです。毎時間の「まとめ」を意識し，それを子どもの言葉で想像してみてもよいでしょう。

　そうしてあらかじめ目標を明確化するからといって，目標にとらわれて目標に追い込む授業にならないよう注意が必要です。教えたいものは子どもたち自身につかませるという意識が大切です。何を教えるかよりも，何を教えないか（子どもたち自身につかませるか）を考えるわけです。また，計画は計画すること自体に意味がある（見通しを得るために綿密に計画を立てる）のであって，授業では子どもたちの思考の必然性に沿って臨機応変に授業をリデザインしていくことが重要です。事前に「まとめ」を明確化しても，教師の想定を超える「まとめ」が生まれることをめざすとよいでしょう。

　目標と評価を一体のものと考えることは，学習者の視点から事前の計画を眺めることを意味します。目標は評価と，さらには，指導言は子どもの反応（思考と行動）と，板書はノートと一体のものという視点を意識することで，授業をリアルに想像する力や臨機応変の対応力が育っていくのです。

　目標を絞り明確化したなら，シンプルでストーリー性をもった授業の展開を組み立てることを意識します（ヤマ場のあるドラマとしての授業を創る）。1時間の授業のストーリーを導く課題・発問を明確にするとともに，目標として示した部分について，思考を表現する機会（子どもたちの共同的な活動や討論の場面）を設定します。グループ活動や討論は，授業のヤマ場を作るタイミングで取り入れるべきだし，どの学習活動に時間をかけるのかは，メインターゲットが何かによって判断されるのであって，メインターゲットに迫るここ一番で学習者に任せるわけです。目標を絞ることは，あれもこれもとゴテゴテしがちな授業をシンプルなものにする意味をもち，ドラマのごとく展開のある授業の土台を形成します。

　そのうえで，学習者にゆだねる活動が展開される場面を形成的評価の場面として位置づけ，意図した変化が生まれているかを見取る機会・資料（例：机間指導でノートの記述を見取る）と基準（例：△△ができていればOK，××だとこの

ように支援する）を明確にしておきます。その際も，限られた時間の机間指導ですべての子どもの学びを把握しようであるとか，ましてや過程をしっかり評価しようなど必要以上に力まず，この子がわかっていたら大丈夫といった具合に当たりをつけるなどして，授業全体としてうまく展開しているかを確かめるようにするとよいでしょう。一方で，「思考の場」としてのノートを意識し，目標に即して子どもに思考させたい部分を絞り，そのプロセスをノートに残すなどすることで，授業後に子ども一人ひとりのなかで生じていた学びをとらえることもできます。

(3) 練り上げ型授業の問い直しと知識構築学習

「子どもたちが教材と深く対話する学びになっているか」という点について，日本の教師たちがめざしてきた練り上げ型の創造的な一斉授業は課題を抱えています。

練り上げ型授業の問い直し

もともと練り上げ型授業は，一部の子どもたちの意見で進む授業となりがちです。かつては教師のアート（卓越した指導技術）と強いつながりのある学級集団により，クラス全体で考えているという意識をもって，発言のない子どもたちも少なからず議論に関与し内面において思考が成立しているという状況も生まれていました。しかし，近年，練り上げ型授業を支えてきた土台が崩れてきています。

まず，教員の世代交代が進むなか，知や技の伝承が難しくなっています。また，すでに述べたような子どもたちの学び感覚・コミュニケーション感覚の変化（局所化やソフト化）などにより，強いつながりで結ばれた学級集団を創るのが困難になってきています。教師のアート（直接的な指導性）から，学習のシステムやしかけのデザイン（間接的な指導性）へ，そして，クラス全体での練り上げから，グループ単位でなされる創発的なコミュニケーションへと，授業づくりの力点を相対的にシフトしていく必要性が高まっているのです。

こうして学習者主体の創発的コミュニケーションを重視していくことは，日々の授業での学びを知識発見学習から知識構築学習へと転換していくことにつながります。練り上げ型授業は，教師に導かれながら正解に収束していく知識発見学習になりがちでした。しかし，現代社会においては，「正解のない問題」に対して最適解を創る力を育てることが課題となっており，そうした力は実際にそれを他者と創る経験（知識構築学習）なしには育ちません。ゆえに，知識構築学習をめざすうえでは，知識や最適解を自分たちで構築するプロセスとしての議論や実験や調査を学習者自身が遂行していく力を育成する視点や，そのプロセス自体の質や本質性を問う視点が重要となります。

知識発見学習が陥りがちな問題点

　多くの授業において「発見」は，教師が教材研究で解釈した結果（教師の想定する考えや正解）を子どもに探らせるということになりがちでした（図2-2-①）。しかし，深い学びが成立するとき，子どもたちは教師ではなく対象世界のほうを向いて対話しているはずです（図2-2-②）。国語の読解でいえば，子

図2-2　学習者，教材，教師の関係構造

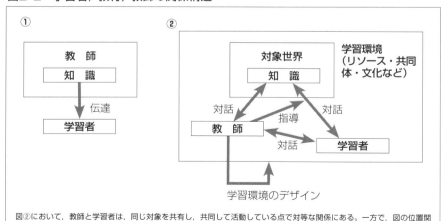

図②において，教師と学習者は，同じ対象を共有し，共同して活動している点で対等な関係にある。一方で，図の位置関係が示すように，教師は，いわば先行研究者として，学習者の学習活動を見通し導きうる位置にある。ゆえに教師は，学習者の対象世界との対話を深めるべく直接的な指導を行ったり，時には，教師自身も埋め込まれている学習環境をデザインする間接的な指導性を発揮したりするのである。

出典：石井，2012，148頁

どもがまず自分でテキストを読み，ある解釈をもつ。そして，集団での練り上げで，他の子どもたちの解釈を聞く。そうして学んだ解釈をふまえて，もう一度テキストに戻って読み直してみると，最初に読んだときとは見え方が変わるでしょう。しかも，テキストと直に対話することで，ただ他者から学んだ見方をなぞるだけでなく，多かれ少なかれ，その子なりの新しい発見や解釈が生まれうるのです。これが，子どもと対象世界が対話するということであり，学びが深まる（わかったつもりでいた物事が違って見えてくる）ということです。

　教師は，テキスト（対象世界）と学習者とを出会わせ，それにのめり込むしかけづくりや対話のコーディネートに心を砕くのみならず，学習者と同じく自らそのテキストと対話する学び手として，学習者が気づいていない掘り下げどころを指さしたり掘り下げ方を背中で示したりして，学びの深みへと誘うのです。

　知識発見学習では，授業内で一定の結論に至らせることにこだわり一般化を急ぐあまり，書いてきっちりまとめたものを発表し合って，それを教師がまとめる展開になりがちでした。これに対して，知識構築学習では，グループでの子ども同士のコミュニケーションをより大切にしつつ，そこで何か一つの結論を出すことを必ずしも急がず，インフォーマルな雰囲気の下での対話とアイデアの創発を促すことが重要となります。先述の，創発的なコミュニケーションによる教室における「ことばの革命」を意識することが重要なのです。

思考を触発する場づくり

　知識発見学習から知識構築学習への転換を行ううえで，グループでの活発な対話や活動を触発する学びの場の構造を創ることはその出発点となります。グループ学習で活発な話し合いがなされうる理由として，少人数で学ぶことの意味はもちろん大きいでしょう。しかしそれ以上に，みんなで鍋をつついているような構造が形成されている点が重要です。グループ学習のサイズについては，机を寄せ合ったときに円になって中心を囲むような構造をつくりうる4名，あるいは3名が適当でしょう。5名だと4＋1のような形でお客さんが出てしまいがちです。さらに，何かを囲んで膝つき合わせて話し込む構造をつくるには，

思考とコミュニケーションの過程や結果を共有したり集約したりするための媒体（拡大したワークシート，ホワイトボード，タブレット端末など）などのモノを，グループの中心（メンバーの視線が集中するポイント）に置くような構造がつくれるとよいでしょう。

　また，グループ学習は，教師の目の届かない自分たちの隙間空間（インフォーマルなコミュニケーションの空間）を生み出すことに意味があります。授業が終わった瞬間，「はぁ〜」っと雰囲気が緩み，気楽な感じの語らいが始まる，そんな休み時間のような空気感を授業中に生み出すこと（網の目のように張り巡らされた教室の秩序に穴を空けること）で，カフェでの語らいのような自然体のやわらかいコミュニケーションが生まれることを期待するわけです。

学びの質や深まりを保証するために

　しかし，グループ学習は，思考やコミュニケーションを触発するきっかけではあっても，その質や深まりを保証するものではありません。「見方・考え方」について述べた部分でもふれたように，学びの質を保証するには，思考しコミュニケーションする中身が妥当でポイントを外していないかという点と，そのプロセスが本質的であるかという点がまずは問われねばなりません。何について，どのように学んでいるかという，内容とプロセスの両面において教科の本質を追求することが肝要です。

　単元構想において，子どもたちのなかから問いがどう生まれ，それらがどうつながり，出口でどうなっていればいいかを記述したり，本時についてもゴールを明確にしたりと，「目標と評価の一体化」を意識することで，内容面の妥当性を担保することができるでしょう。そのうえで，授業において，子どもたちの対話のなかにホンモノに迫るプロセスを見いだせることが重要です。

　たとえば，愛知県豊川市立一宮南部小学校の日野秀樹先生による，5年生算数の分数の授業において，分数の割り算の手順とその意味について，式だけでなく線分図や面積図なども用いて，自分たちが納得のいくまで粘り強く説明の論理を組み立てていく姿は，「数学する」うえで本質的なプロセスといえます。

また，同校の竹田崇慶先生による，4年生社会の自分たちの学校の創設の歴史を探る授業で，他の都道府県の学校の事例の研究から得られた分析の視点をふまえつつ，学校の10年史の資料や自分たちで作った学校歴史年表などを根拠にしながら，学校を創った当時の人々の思いを推理していく姿は，「歴史学する」うえで本質的なプロセスといえるでしょう。

　こうして，深めるに値する内容について，その教科として本質的な頭の使い方をする学びの機会を保障したうえで，その経験の質や密度を高めるべく，新たな着想を得ることで視野が開けたり，異なる意見を統合して思考や活動がせりあがったりしていくための指導の手立て（枠組みの再構成やゆさぶり）が考えられる必要があります。たとえば，上記の社会の事例でいえば，よりよい学校を創るためにがんばった地域の人たちの願いに気づくだけではなく，そのような願いの背景にある当時の社会状況などについても学び深め，当時の状況をよりリアルに想像するよう促す発問の工夫，さらには，子どもたちが手元に置いて使う，思考の材料となる資料の量や質の吟味により，学びの密度（中身の詰まり具合）が高まり，より深い学びがもたらされるでしょう。

　ただし，こうした実践を行う際には，学びの質を高めることを急ぐあまり，教師の想定する考えや読みに子どもたちを追い込むような学びにならないよう注意が必要です。たとえば，テキストの微細な言い回しから，登場人物の心情や場面の情景や物語の主題を緻密に読み取ることができたとして，結果として至った解釈の妥当性以上に，子どもが自分たちで相互に触発し合い，読み深める経験をした，そのプロセスの質こそが重要なのです。

3　教科本来の魅力を追求することで新たな授業像を展望する

(1) 教科本来の魅力とは

　末広がりの単元構造や知識構築学習をめざすことは，子どもたちにゆだね見守る学習活動の問いと答えの間を長くしていくことを志向していると同時に，

それは教科の本質的かつ一番おいしい部分を子どもたちに保障していくことをめざした，教科学習本来の魅力や可能性，とくにこれまでの教科学習であまり光の当てられてこなかったそれ（教科内容の眼鏡としての意味，教科の本質的なプロセスのおもしろさ）の追求でもあります。

　教科内容が現実世界を読み解く眼鏡であるとは，その内容を学んだ前と後で身の回りの世界の見え方や世界との関わり方が変わるということです。たとえば，化学反応の「酸化」という概念一つとってもそれはれっきとした眼鏡です。酸化という概念を学ぶことによって，燃えることとさびることという，日常で普通に生活しているのでは結びつかない二つの現象が結びつきます。

　教科学習は生きることと結びつかないと思われがちですが，潜在的には眼鏡として日常生活で機能し，じわじわと子どもたちの世界との関わり方やものの見方や行動に影響を与えているものなのです。しかし，そのポテンシャルに子どもたちはおろか教師たちも気づいていません。そうして子どもや教師にも見えていなかった，教科の内容と生活との潜在的なつながりを，自覚化したり意識的につないだりしていく。こうして，「もどり」を意識することは，教科内容の眼鏡としての意味を顕在化することを意味するわけです。

　教科本来の魅力に関わって，これまでの教科学習で見落とされがちであったのは，教科の魅力は内容だけではなく，むしろそれ以上にプロセスにもあるという発想です。たとえば，歴史の授業で，教師の多くがもっとも大切にしているのは，一つ一つの出来事やその年号を覚えることではなく，むしろそれらの出来事の間をつなぐストーリーであるとか，それぞれの時代のイメージをつかむことでしょう。そのために教師は，教材研究の段階で，教科書やさまざまな文献資料をもとに，この時代はこのように流れを考えるとわかりやすいし，楽しいなと，物語をつくっています。そして，歴史の物語を紡ぐ，その思考過程こそ，「歴史学する」ことの本質なのです。しかし，教材研究で教師は歴史学をするものの，授業では，教材研究（歴史学する経験）の結果を子どもたちに語りがちで，歴史学するプロセス自体を経験する機会は，子どもたちに保障さ

れていません。

　さらにいえば，その教科の教師になろう，その教科を専門にしようと思ったその原点には，教科の内容がおもしろいということ以上に，その分野に固有の学び深めや追究のプロセスにおもしろさを感じたという側面のほうが大きいのではないでしょうか。そこがおもしろいと感じているのであれば，なぜそのプロセスを子どもたちに体験させないのでしょうか。多くの授業で教師が奪ってしまっている各教科の一番本質的かつおいしいプロセスを，子どもたちにゆだねていく。ここ一番のタイミングでポイントを絞って，グループ学習などを導入していくわけです。知識発見学習から知識構築学習への転換は，学びのプロセスにその教科の本質や魅力を見いだす，教科学習観の転換を意味しているのです。

(2)「教科する」授業というヴィジョン

　学ぶ意義も感じられず，教科の本質的な楽しさにもふれられないまま，多くの子どもたちが，教科やその背後にある世界や文化への興味を失い，学校学習に背を向けていっています。社会科嫌いが社会嫌いを，国語嫌いがことば嫌い，本嫌いを生み出しています。「真正の学習」の追求は，目の前の子どもたちの有意義な学びへの要求に応えるものなのです。

　ただし，有意義な学びの重視は，教科における実用や応用の重視とイコールではありません。教科の知識・技能が日常生活で役立っていることを実感することのみならず，知的な発見や創造のおもしろさにふれることも学びの意義につながります。よって，教科における「真正の学習」の追求は，「教科の内容を学ぶ（learn about a subject）」授業と対比されるところの，「教科する（do a subject）」授業（知識・技能が実生活で生かされている場面や，その領域の専門家が知を探究する過程を追体験し，「教科の本質」をともに「深め合う」授業）を創造することと理解すべきでしょう（次頁の表2-3）。「教科する」授業を創造するとは，教科本来の魅力を追求する先に，結果として資質・能力やアクティブ・ラー

表2-3　日本の伝統的な授業像の発展的継承

日本の伝統的な 「教科内容を豊かに学ぶ」授業像	「教科する」授業の提起する授業像
教師に導かれた創造的な一斉授業（練り上げ型授業）による知識発見学習	子ども同士の創発的コミュニケーションによる知識構築学習
導入が豊かすぎる，「わたり」があって「もどり」のない，「尻すぼみ」の単元展開（科学的概念としての知識）	出口が豊かで「もどり」（生活への埋め戻し）がある，「末広がり」の単元展開（現実世界を読み解く眼鏡〈見方・考え方〉としての知識）
名人芸的な教師のアートと強い学級集団に依拠する授業	学びの場づくり（課題，学習形態，教具・メディア，時間や空間のアレンジ）とゆるやかなコミュニティで，学びを触発する授業
教科書で教える授業，1時間の終わりにすっきりわかる授業（内容の本質性）	（複数教科の）教科書を資料にして学ぶ授業，もやもやするけど楽しい授業（プロセスの本質性）
つまずきを教師が生かす授業	つまずきを子ども自身が生かす授業
「強いつながり（コミュニティ感覚）」と固くて重いコミュニケーション・大文字の自己，長いスパンで大きな物語で人生の意味をとらえる心性，垂直的に体系化された共通の客観的真理という基盤	「弱いつながり」とコミュニケーション・アイデンティティ・知のソフト化・多元化，今この生を楽しむ心性と思考や集中力のスパンの短さ，水平的にネットワーク化され局所的に当事者によってつくられるものとしての知識，子どもたちの生活感覚や学び感覚の変化（居酒屋談義からカフェ的な語らいの形へ）

ニングを実現していくような，いわば汎用的なスキルに自ずと届く豊かな教科学習を構想していくことを意味し，それは，授業づくりの不易を追求することが改革（流行）を実質的に遂行していくことにつながることを示すものでもあるのです。

(3) 学びのプロセスに教科の本質を見いだす目

「教科する」授業とは，授業づくりのヴィジョンであって，これをすればいいという型を示すものではありません。ただ，「教科する」授業というヴィジョンをめざして学びの質を追求していくうえで，実践の手がかりとなる手立てや仕掛けとして，ここまでで述べてきたように，実践の組み立てにおいて，①末広がりの単元づくりと②最適解創出型（知識構築型）の授業づくりをめざすこと，

そして，単元レベルと授業レベルの両方で，思考する必然性と思考のつながりを重視しつつ，③ "Do" の視点から授業での活動や思考の質（学習者が内的に経験している動詞）を吟味することを挙げることができます。

末広がりの単元構造や知識構築学習をめざすことといった，「教科する」授業を創るポイントについては，少し発想を変えれば，単元や授業の形を変えることですぐに取り組める部分を含んでいます。「使える」レベルの課題を位置づけた末広がりの構造になるよう，教科書教材の中身や配列を組み替えたりする，あるいは，知識構築学習を促すよう，学びの対象となる事象や一次資料やテキストや問題をグループの中心に一つ置いて，それをめぐって考えること・話すこと・書くことが一体のコミュニケーションを行う，といった具合です。

しかし，こうした形を作ったからといって，子どもたちが対象世界に没入し深く思考することが生じるとは限りません。③として挙げたように，授業における子どもたちの活動や思考のプロセス自体に，その分野の専門家や大人たちが行う知的活動のエッセンス（本質）を見いだし，ホンモノさを感じられる目を教師は磨かねばなりません。

学びのプロセスに教科の本質を見いだす第一歩として，子どもが授業を内的にどう経験しているかといった視点から，授業を眺めてみることが重要でしょう。たとえば，「ノートを取る」という行動一つとっても，勉強の得意な子とそうでない子とでは，その内的経験においてまったく異なっています。勉強の得意な子は，授業で教師の説明を思考を伴って理解しながら，時にはメモを取りながら聞き，ノートを取るという行動は，そうした内的な思考過程の表現として遂行しています。これに対して，勉強の苦手な子の多くは，教師の話は上の空で聴いていて，教師が黒板に書いたからそれを写すという受動的な営みとして，ノートを取るという行動を遂行しています。このように子どもが実際に経験している内的な思考に即して授業を見ていくことが重要なのです。

一宮南部小学校の川合文子先生による，1年生国語の自分たちで話し合って創ったオリジナルのじゃんけんを説明しあう「ようこそ『なるほど！ じゃんけ

んやさん』へ」という授業で，新しいじゃんけんのアイデアについて子どもたち同士グループで話し合っている場面。子どもたちの意識としては，新しいじゃんけんを創りたいと思って，（国語の学びであることも忘れて）自由闊達に思考したりコミュニケーションしたりしているわけですが，教師としては，客観的にその活動を見たときに，意味のある質の高い言語経験があるかどうかを見極めることが求められます。そうして活動のなかに意味を見いだすことができてこそ，活動の振り返りを通じて，言語経験としての意味を価値づけし，国語の学びとしてのクオリティを高めていくことができるのです。

　また，「実験すること」という一見科学的な活動があっても，それを子どもたちの内的プロセスからみると，「実験手順を正しく安全になぞること」になっていて，真に「科学すること」になっていない場合もあります。問いや仮説をもって実験に取り組んでいるか，実験の結果にばらつきが生じたときに，教師が頭ごなしに結論を押しつけたりせず，ばらつきが生じた原因を考えてみるよう子どもたちに投げかけ，実験の手順や条件統制等に問題はなかったかどうかを考えさせたりする機会があるかどうかなど，「科学する」プロセスを成立させるための手立てを考えていくことが重要です。体育などの技能の学びにおいて，タブレット等でプレー場面を記録に収め，それをもとにリフレクションを行うのと同じように，実験過程を動画として残しておくことで，自分たちの行った実験の妥当性や厳密性を，自分たちで，事実に基づいて検討していくこともできます。各教科においてプロセスそれ自体の本質性が問われるようになるなら，同様の形で子どもたち自身によるプロセスのリフレクションを行うことで，それぞれの教科の思考や経験の質を高めていくことができるでしょう。

(4)「教科する」授業の実際

　香川大学教育学部附属高松小学校の三つの実践事例を挙げながら，「教科する」授業のイメージを提示しましょう。黒田拓志先生による5年生の社会「環境」の単元は，教科書教材である鴨川の美化について先行事例として学んだう

えで，持続可能な社会づくりという観点から，現在進行中の地元香川県の里海づくりの取り組みを検討し，最終的には，シンポジウムへの参加など，子どもたちの社会参画へとつなげようとするものです。真正な課題の解決に向けて，子どもたちがそれを自分事の問題として意識化し，単元を貫いて追究する，典型的な末広がりの単元構成となっています。しかもそこでは，二重に「もどり」の機会が仕組まれています。

　まず，子どもたちは，教科書にある京都の事例の検討で得た知見をもとに，自分たちの住む香川の問題に戻って考えています。さらには，京都と香川の事例の比較検討を通じて，持続可能な社会をつくるための一般化された解決策を自分たちで構築したところで，「今の香川や日本はこの回路がつながっているかな？」と教師が問うことで，もう一度，足下の複雑な現実に向き合わせています。これにより，教室で構築された概念を現実に埋め戻して問い直すとともに，他人事の追究になりがちな子どもたちの学びをゆさぶり，さらなる問いが触発されています。

　この黒田先生の実践では，その教科の内容を学ぶ意味を子どもたち自身が実感したり，自己の生活や生き方を見つめ直したりする学びを大切にすることで，教科内容の眼鏡としての意味を重視する形での「教科する」授業が追求されています。学んだことを子どもたちの生きている文脈に戻し，それを学ぶことで身の回りの世界の見え方や関わり方が変わる経験を積み重ねていくことこそが大切なのです。

　橘慎二郎先生による5年生の理科「もののとけ方」の実践は，「ものが水に溶ける」という日常の当たり前の現象を疑うところから始まり，追究するごとに問いが新たな問いを生むような，まさに「科学する」経験が展開されており，教科の本質的なプロセスのおもしろさを体験する授業となっています。「溶けるとは……という状態である」といった科学的概念を，イメージ図を伴ってわかりやすく教えたとしても，それはわかったつもりであって，水に溶けると銘打たれたティッシュが実際には溶けないという事実に直面して子どもたちは驚

きの表情を見せたりします。事実に即して科学者のごとく追究してきた子どもたちは，教科書にあるようなありきたりな実験のみでは納得せず，あの手この手で仮説を検証しようと試みます。一通りの方法で確かめたつもりになるのでなく，仮説と事実とのずれを徹底的に推理し検証することで，「溶ける」という現象をとらえる子どもたちのイメージ（眼鏡）も精密さを増し，「自然界に存在する物事の理」の神秘を実感していくわけです。

　最後に，山西達也先生の６年生の体育「ネット型ゲーム」の実践は，自分たちでやってみてリフレクションをするという学びを繰り返すことを通して，「攻撃を組み立てる」というネット型ゲームの，さらにいえば，類似の団体競技に通じる本質的なおもしろさを，子どもたちに実感させるものです。たとえば，最初はネットの高さを低くすることで，強いアタックを打つことに意識が向くように仕向けたり，個々の１点目が10点というルールを設定することで，チームのみんなが参加できるように促すなど，ゲームすることをただゆだねるのではなく，ルールの操作を通じた絶妙の足場かけがなされています。しかもアタックが打てるようになると，自ずとどうブロックするかに意識が向くといった具合に，子どもたちのパフォーマンスの成長に応じて次の課題が自ずと生まれ，それを解決していく展開のなかですべての子どもたちが確実にその競技の本質的なおもしろさを味わえるように指導が系統化されています。

　読んだり歌ったりスポーツしたりといった，意味ある真正のパフォーマンスを遂行するなかで，レベルアップのこつとしての見方・考え方を見いだし，それを念頭に置きながら，タブレットなどで撮影した自分たちのパフォーマンスを再度見直すことでその質を高めていくといった，全体的活動が螺線的に高まっていく（要素を段階的に積み上げていくのではない）ような学習過程が想定されています。こうした学びの道筋（適切な足場をかけながら自分たちの手でまずやらせてみて，リフレクションを促しつつ足場を外しつつ，より自律的で良質のパフォーマンスへと高めていく）は，英語のコミュニケーションや国語の話す・聞く・書く活動はもちろん，理科の実験，社会科における討論，数学における問題解

決などにおいても適用できるでしょう。

(5) 深い学びをどう創るか

　ただアクティブな学習ではなくて，深い学習を意識することが強調されていますが，そもそも「深い」とはどういうことなのでしょうか。学び深まったと感じるのは，自明であったもの，わかったつもりであったものについて，その見え方が変わったとき，より腑に落ちたり，新しい視野（地平）が開けた感覚をもてたりしたときではないでしょうか。そうした深まる経験は，創発的なコミュニケーションにより，さまざまな意見が縦横につながり，新たな視点や着想や発見が生まれ出ることでもたらされる場合もあるし，なぜなのか，本当にそれでいいのだろうかと，理由を問うたり前提を問い直したりして，一つの物事を掘り下げることでもたらされる場合もあります。また，深い学びという場合，そうした認識や理解の深まりによる，活動や行為の質の高まり（新しいレベルへのせり上がり）も含んでいることが多いでしょう。

　グループを単位とした創発的なコミュニケーションは，小さな発見や視点転換が多く生まれることで枠組みの再構成（reframing）を促しやすいといえます。しかし，思考の掘り下げや活動のせり上がりを実現するうえでは，クラス全体でもう一段深めていくような対話をどう組織するかが課題となります。この点に関わって，伝統的な練り上げ型授業のエッセンス，とくに，子どもたちの問い心に火をつける発問やゆさぶりの技に注目すべきであり，以下に紹介する秋田大学教育文化学部附属小学校（以下，秋田大附小）の実践からは，授業展開に埋め込まれた矛盾（予想・期待に反する結果や対立する考えを認識し，その差を解消すべきものと考えたときに生じる認知的葛藤）の組織化とゆさぶりの構造を学ぶことができます。

　大庭珠枝先生による，5年生国語の『枕草子』の「うつくしきもの」の授業では，「『ちご』の部分の『おもしろさの秘密』は何か」という学習問題について，授業の冒頭で「『ちご』がかわいいのは当たり前で，意外性はないので

ないか。それなのに千年も読まれているのはなぜか」という問いを投げかけることで，矛盾を組織し，秘密を探りたいという子どもたちの追求心を喚起しています。さらに，学級全体での対話で，清少納言が取り上げた「ちご」の様子は，ほとんどが当たり前のことだと気づいた子どもたちに対し，「でも，当たり前のことを書いても，おもしろくないんじゃない」と，教師はゆさぶりをかけています。これにより，当たり前を敢えて書いているという意味での意外性を子どもたちは見いだしました。結果，初発の感想で「意外性はない」と書いていた子どもたちも，意外性のとらえ方自体を再構成し，清少納言の観察眼や着想の鋭さにふれる学びとなっています。

　ここからは，既習事項ではうまく説明できない，あるいはそれと相反するような事柄をぶつけることで，矛盾を生み出し学びを触発するとともに，その追求の末に子どもたちが納得（均衡状態）に至ったあたりで，それをゆさぶりさらなる矛盾を生み出すことで，より統合的な認識や一段高い視野へと導くような，弁証法的な構造を見て取ることができます。菅野宣衛先生による，2年生国語の「スイミー」の授業では，スイミーが目になった理由について考える場面で，「アイデアを出したんだから，自分まで入らなくてもいいんじゃない」というゆさぶりにより，子どもたちは，スイミーがリーダーに成長する過程を読み取るに至っています。

　一方，髙橋健一先生による，6年生理科の授業では，矛盾を仕組むよりも，推理小説のごとく未知を推論することで，追究が新たな問いや仮説を生み出し，子どもたちは自分たちの学校の土地のつくりについての見方を深化させています。そこでは，謎解きの要所要所で，モデル図や実験が自然な形で紹介されています。地質断面図が示す特徴から，既習事項や教科書をもとに，流れる水の働きでその地層ができたと仮説を立て，地層のモデル実験を行ったものの，それで説明できそうな部分と説明がつかない部分が出てきました。そこで，海底と川の周辺でできた地層の両方のモデル図を教師が紹介することで，子どもたちは推論を前に進めます。こうして，子どもたちは，ただ想像し推理するので

はなく，確かな思考の材料と根拠をもって推論することになり，プロセスを大切にしつつ学びの密度が担保されています。

　こうして，ゆさぶりや問いの展開のある対話を組織するとともに，秋田大附小の実践では，たとえば，初発の読みをもとに書いた物語のあらすじを，学習を終えた後で再度書き直す（読みを更新する）機会を設けるなど，折にふれて思考を表現する機会を盛り込むことで，単元や授業の入口での表現を出口でリライトし，個において思考を深めていくことも期待されています（ビフォー・アフターの構造による変容の可視化）。

　秋田大附小の実践は，ペアやグループでの学びも交えつつ，学級全体での対話をベースに学びの深さが追求されています。しかし，一般的にゆさぶりや資料の紹介については，教師の想定に追い込むことも危惧されます。まずはまとまった単位の思考や活動（「教科する」プロセス）が子どもたちにゆだねられ，自分たちの足で立って自分たちの頭で思考している状態が保障されねばなりません。そして，まさに教師が研究授業という形で，まず自分で試行錯誤しながら実践をやり遂げ，事後の協議会で新たな着想を得たり，考えがゆさぶられたりしたうえで，再度実践することで，実践の質が高まっていくような，いわば活動とリフレクションを繰り返すことによるせり上がりの構造を意識することが重要でしょう。また，資料の紹介については，教科書でわかりやすく教える授業を超えて，教科書をも資料の一つとしながら学ぶ構造を構築し，そのうえで教師が資料（集）の質と量を吟味するとともに，思考の材料を子ども自身が資料や図書館やネットなどから引き出していくことを促すことで，学習者主体で学びの質を追求しつつ，知識の量や広がりも担保できるでしょう。

(6) アクティブな授業と知識習得との関係

　活動的で協働的な授業は，知識・技能の獲得や定着とも密接に関係しています。そもそも考える力の育成は，知識の習得と不可分な関係にあります。知識なくして思考は働かないし，思考し表現する活動は，必ず何らかの知識の習得

や理解を伴います。逆に，知識も，新しい知識と既有知識とをつなぐ能動的な思考なくしては獲得できません。既有知識と関連づけられず納得が得られないまま与えられた知識は，定着せずすぐはげ落ちてしまいます。そもそも知識は主体によって解釈・構成されるものであって，「知識は詰め込みたくても詰め込めない」のです。

　テスト成績に表れる知識・技能の習得状況（テスト学力）は，教える内容の量と質を前提条件としながら，授業過程で，学習者が意識を集中すべき部分にどれだけ頭を使っていて，内容の意味をどれだけ構成できているかに規定されます。教師の一方的な説明による一斉授業の形態であっても，学習者に学ぶ力があれば，彼らの内面で上記のような有意味な学びが展開することは不可能ではありません。

　しかし多くの場合，一方的な一斉授業の形態では，教師の話を聞いて，板書をノートに写したりする行動が見られても，内面では別のことを考えていたり，そもそも思考がストップしていたりと，子どもの内的な思考の総量が十分に保障できていないのではないでしょうか。また，たとえば歴史の授業で，教師の意識としては，個別の用語よりそれらをつなぐ因果関係を強調して説明していても，多くの子どもは個別の用語のみをキャッチしているといった具合に，一方的な一斉授業では，その内容の受け止め方は子どもの学び方（学習において何が大事だと思っているか）に依存することになります。そして結局，歴史の因果関係を考えようとする思考の習慣がある子はよく学べるけども，そうでない子の多くは暗記に走るしかない状況になるわけです。

　まったくやっていることの意味がわからなくなったとき，わかった感・納得感がまったく得られなくなったとき，子どもたちは勉強についていけなくなります。そして，勉強が苦手な子は，学び方のレベルでつまずいていることが多いのです。先述のように，実際に活動したり対話したりすることは，思考の成立を子ども任せにせずに，頭を使って意味を構成する実質的な機会を保障していくことや，一人ではできなくてもクラスメートと一緒ならできた

という達成感や納得感を子どもたちに残していくことにつながります。また，ペアやグループなどの形で，他者とコミュニケーションをとる機会を授業に取り入れることは，学習上のセーフティーネットを形成することにもつながるでしょう（ちょっとした疑問をその場で解決できないがために，静かにつまずくことを防ぐ）。

　そうやって頭を使い，理解や納得感を伴って授業を終えたとしても，それだけではテスト学力などの結果には必ずしもつながりません。授業で得た知識や経験は，「習熟」の機会（繰り返すことで自分のものにすること）を保障しないと学力として定着しません。

　そして，習熟は，ドリルなどをして反復練習する（機械的習熟）だけでなく，後続の学習や生活場面で繰り返し使ったり，表現したりすること（機能的習熟）でも促されます。漢字，元素記号，英単語なども，その後の学習で繰り返し使うものはよく覚えているという具合です。実はペーパーテストも一つの表現活動と見ることができるし，「教科する」授業は，知識を総合するダイナミックな表現の機会を準備するものです。

　知識の獲得や定着は，活動や討論だけで実現できるものではありませんが，知識を使ったり表現したりすることは，知識の獲得と定着の有効な方法であるという点は認識しておく必要があります。また，そのように考えることで，習熟の機会としてこれまで意識されていなかった部分を発見し，さまざまな場面で習熟の機会の総量を確保していく工夫も考えられるでしょう。

　中学や高校においては，活動的で協働的な授業をやっていて受験に対応できるのかが心配なところです。まず押さえておくべきは，知識の暗記のみでは受験に対応できないという点です。マークシート形式であるために暗記再生型の学力を問うていると思われがちな既存のセンター試験の問題の多くは，意味理解が十分でなければ解けないものです。そもそも授業という限られた時間では，個別の知識項目を網羅的に暗記させることはできず，知識項目の暗記は生徒たちが自分でがんばらねばなりません。むしろ授業ですべきは，すでに述べたよ

うに，さまざまな知識を関連づけつつ統合するための幹になるような，授業外での学習をスムーズに進めるためのベースになる基本概念の理解であるべきでしょう。教科書をただなぞる授業を続けるだけでは，複数の授業や単元の内容を組み合わせて出題される入試問題には届きませんし，諸概念における意味理解の壁を越えられるかどうかが，学力の伸び代を規定するのです。

この点を認識しておくことは，通塾率が上昇し，学習塾とは異なる学校ならではの学びが問われる中・高において示唆的でしょう。中学受験の勉強に典型的にみられるように，学習塾での学びはしばしば，「わかる」「学び深める」よりも「解ける」「学び進む」を重視するものになりがちです。その結果，定型的な解き方（一種のメンタルな電卓）を学ぶことで，飽和水蒸気量の応用問題は解けても，空気中の水蒸気の飽和状態のイメージがつかめていなかったり，複雑なモル計算ができても，原子構造の理解に潜在的なつまずきを抱えていて，銅イオンCu^{2+}をCu^{2-}と書いて間違いに気づかないといった，難問は解けても基本概念の理解がすっぽり抜けている，あるいは，自分で計画的に学んだり，自分の頭で学び深めたりすることを嫌がったりする状況が生まれたりするのです。

「わかる」「学び深める」という点を追求するうえでは，「教科する」授業を追求する視点の一つとして示した，教師が教材研究で経験している思考過程（教科の本質的でおいしいプロセス）を子どもたちにゆだねてみること，とくに，難問を解かせるのではなく，認知的に挑戦的であることを意識することが有効でしょう。たとえば，基本的な数学の問題について，簡単にしか解き方を示してくれない問題集の解答の代わりに，別解も含めて，わかりやすい解き方の解説を作成する。社会科の教科書を読み解いて，教師が構造化された板書計画を作成するように，要点とキーワードの構造をレジュメのような形でまとめる。高校の英語の授業で，中学レベルの平易な英作文にグループで取り組みつつ，英文の検討の過程を英語で議論する，といった具合です。

さらに高校であれば，教師と生徒が競るような授業をめざしてもよいでしょう。一つの文学作品の解釈をめぐって，また，数学の解答のプロセスを見な

がら，その結論の数学的な意味やどの解き方がよいのかといった点について，さらには，理科の実験や社会科の調査を通じて得た結果とその考察をめぐって，教師と生徒が議論することで，同じものを見ていても，より深く見ることができることを教師がその姿で示すような授業（大学のゼミナールのエッセンス）をめざすわけです。とくに大学入試の問題は，主に大学人が作るわけですから，学問の香りのする授業をし，大学人の目線で教科を眺める経験を生徒たちに保障することは，大学受験にも有利に働くことでしょう。

　ここまで受験学力との関係で，「わかる」授業や「教科する」授業を追求することの意味について述べてきました。しかし，あらためて強調しておきたいのは，「わかる」授業や「教科する」授業は，受験にも有効であるとか，進学校の生徒にさらなる高みを見せるものであるとか，そういった観点から重要であるというわけではないという点です。それらは結果としてそういう意味をもちうるということであって，すべての子どもたちに良質の文化と深く思考する経験を保障し，人間として豊かに生きることにつながる学びを，そして，自分の足で立ち自分の頭で思考できる一人前として育てる学びを実現していくことが，「わかる」授業や「教科する」授業を追求することの第一義的な意味なのです。

4　新しい評価の考え方とパフォーマンス評価

(1)　パフォーマンス評価とは何か

　アクティブ・ラーニングなど，従来とは異なる学習者主体の授業が展開されるなかで，ただアクティブで中身のない学びになっていないか，こうした授業の転換にどのような意味があるのかといった点が問われています。いわば，アクティブ・ラーニングを通じて育成される資質・能力の中身はどのようなもので，その育ちをどう可視化し確かめるのかという評価のあり方が問われているのです。アクティブ・ラーニングを通じて育成される資質・能力は，知識・技

能の習得状況とは異なり，ペーパーテストのみで評価することは困難です。そこで，思考力・判断力・表現力等の見えにくい学力の評価方法として，近年注目されているのが，「パフォーマンス評価」です。

　まず，パフォーマンス評価の考え方について確認しておきましょう。パフォーマンス評価とは，一般的には，思考する必然性のある場面で生み出される学習者の振る舞いや作品（パフォーマンス）を手がかりに，概念の意味理解や知識・技能の総合的な活用力を質的に評価する方法と定義できます。パフォーマンス評価は，1980年代以降，英米を中心に，従来型の評価方法（要素的な知識・技能を多肢選択や空所補充の形式で問う客観テスト）ではとらえにくい学力の質を評価すべく生まれてきたものです。

　パフォーマンス評価のイメージをつかむうえでわかりやすいのは，自動車の運転免許の試験です。ペーパーテストの成績だけで運転免許を与えたりしないわけです。ちゃんと運転できるかどうかは，最終的には，実際に運転させてみて評価するしかない。これがパフォーマンス評価です。

　パフォーマンス評価という場合，狭義には，現実的で真実味のある（「真正な〈authentic〉」）場面を設定するなど，学習者のパフォーマンスを引き出し実力を試す評価課題（パフォーマンス課題）を設計し，それに対する活動のプロセスや成果物を評価する，「パフォーマンス課題に基づく評価」を意味します。自動車の運転技能であれば経路を設定して路上運転をさせてみるといった具合に，思考する，判断する，コミュニケーションする，実践する，そういう能力を見たいのであれば，実際それをやらせてみるような課題を課すわけです。パフォーマンス課題の例としては，自分たちの住んでいる県のPR企画を県の職員に提案する社会科の課題，あるいは，栄養士になったつもりで食事制限の必要な人の献立表を作成する家庭科の課題などが挙げられます。

　また広義には，授業中の発言や行動，ノートの記述から，子どもの日々の学習活動のプロセスをインフォーマルに形成的に評価するなど，「パフォーマンス（表現）に基づく評価」を意味します。対話型の授業であれば授業過程で思

考が見えるわけで，そういう授業の活動のなかで生まれる思考や，ワークシートに表れる思考の足跡，それらをもとにインフォーマルに評価する。また，たとえば，思考を可視化したり整理したりするのに使われるマインドマップや，キャリア教育や初等・中等教育段階の「総合的な学習の時間」の評価方法としてしばしば使用されるポートフォリオ評価法なども，パフォーマンス評価の一種といえます。

(2) パフォーマンス評価が提起する評価のパラダイム転換

　日本で「パフォーマンス」と言うと，「演じる」とか「（よく）見せる」といった，見かけでアピールする評価のように思われがちですが，そうではなく，学習者の内面で生じた変容や育ちの表れ，学習者の実力が表れている振る舞い（プロセス）や作品（成果），そういった意味で用いています。たとえば，レポートなども，パフォーマンスの一種ということになります。

　思考の表現としてのパフォーマンスを手がかりに，知識の習得以上の見えにくい育ちを，質的に評価していく方法だというのが大事なポイントです。質的ということは，機械か何かで評価するのではなくて，人間が評価するのだということです。レポートの評価については，機械採点の技術の開発も進みつつありますが，基本的には，フィギュアスケートの演技などの評価のように，人間が判断するわけです。人間の解釈や判断（鑑識眼）をベースにしていく評価，パフォーマンス評価はそのような評価です。

　ただ，人間の判断をベースにするといったときに，ある教師や専門家によって下された判断は，はたして本当に妥当で信頼できるものなのか。専門家たちの判断への信頼をベースにしつつも，判断の確かさやその根拠を，他の人にもわかるように説明していくことが，評価する側に対して求められます。そこで出てくるのがルーブリックです。

　「ルーブリック評価」という言葉に代表されるような，ルーブリックという表がまずありきで，それを当てはめて評価するというパフォーマンス評価のと

らえ方は本末転倒で，人間の判断がベースにあるということを忘れてはなりません。あるパフォーマンスを見たときに，そこに何を見てどのような点からそのようにレベルを判断したのか，専門家としての見えや判断を，他の人たちに見えるようにしていくために基準表を作成する，これが逆になってはなりません。パフォーマンス評価の妥当性や信頼性を高めるということは，ルーブリック（表）を作成して終わりというのではなく，そうした基準表づくりや，その共有化の過程で，評価者の見る目を鍛え評価力を高めていくことにつながらねばならないのです。

　質的な評価（教室での教師の質的判断を尊重する評価）であるという点と関連して，パフォーマンス評価は，基本的には，授業や学習に埋め込まれた評価を志向する点を確認しておきたいと思います。テストをはじめとする従来型の評価方法では，評価の方法とタイミングを固定して，そこからとらえられるもののみを評価してきました。これに対して，パフォーマンス評価は，課題，プロセス，ポートフォリオ等における表現を手がかりに，学習者が実力を発揮している場面に評価のタイミングや方法を合わせるものといえます。それは，実験室での研究では人間の学びのダイナミズムはとらえられないという問題意識から，生態学的妥当性を求めて，まさに人間的な学びが成立する現場（フィールド）に出かけて研究する動きが生まれていた，当時の心理学研究の状況と無関係ではないでしょう。

　評価について問うことは，教室でどのような学習が成立しているか，どのような学習を成立させたいかを問うことと表裏の関係にあります。指導したことについて評価する，これが教える者の責任の一環としてなされる「教育評価」（教育活動の評価）の原則です。指導していないことを評価するのは単なる能力評価（値踏み）であって，指導の改善にはつながりません。たとえば，どのようなレポートをめざし，それに向けてどう指導するかという議論抜きに，レポートの評価のみを取り出して議論するのでは，レポートの質の改善にはつながらないでしょう。

さらに，実際に実力を評価していこうと思ったら，評価の営みそれ自体が，学習者にとっても学習のきっかけになってきます。学習することと評価することが融合してくるわけです。とくに卒業論文や卒業研究はその好例でしょう。それらは，教師や先輩のアドバイスも受けながら長期間にわたって取り組む学習課題であると同時に，それがそのまま評価の材料にもなっていきます。そして，論文の中間報告会や口頭試問など，評価の機会はそのまま最高の学習の機会にもなるわけです。

　「ルーブリック評価」という言葉でイメージされる評価の姿（例：表づくりとその当てはめ，学習の枠付けやトップダウンの画一化）は，ここまでで述べてきたようなパフォーマンス評価がめざす評価のあり方と異なるものであることがわかるでしょう。「ルーブリック評価」という言葉で基準表づくりに力を注ぐのではなく，もともとパフォーマンス評価がもっていた，あるいは，ルーブリックという尺度の構成のしかたがもっていた可能性に目を向ける必要があるのです。

(3) 魅力的で挑戦的な課題づくり

　パフォーマンス課題は，「使える」レベルの学力を育てる真正の課題を設計しつつ，そこに思考の表現の契機を埋め込むことで，評価課題としても生かしていこうとするものといえます。そうしたパフォーマンス課題への取り組みは，教科書教材をマイナーチェンジしたり，それに代わる課題を考えたりすることで，「教科書を教える」という発想ではなく，「教科書で教える」という発想からの単元づくりや教材づくりを教師が実践的に経験し理解することを促す意味をもっています。

　パフォーマンス課題の実践では，「あなたは○○です……」といったシナリオづくりをしても，子どもたちが前のめりになるとは限りません。子どもたちを引きつけつつ教科の本質に迫るような魅力的かつ挑戦的な課題をつくるにはどうすればよいのか，また，よい課題をつくっても，それを単元のなかに自然な形でどう位置づけていけばよいのか，何より，教師の作った文脈を押しつけ

るのではなく，子どもたちの側に思考する必然性や学びのストーリー（真の学びの文脈）が生じるには，どうすればよいか，といった点が課題となります。

たとえば，京都府京都市立高倉小学校では，算数のパフォーマンス課題として，内藤岳士先生の1年生の「けいさん4コマまんが大会」，井関隆史先生の3年生の「手の感覚王はだれだ!! クイズ」，吉川武彰先生の5年生の「だまし絵づくり」（同じ面積だが見た目に面積が違うように見える二つの図形を作って，クイズを出し合う）といった具合に，子どもたちの遊び心をくすぐるゲーム的なものを設計しています。「手の感覚王」を競う文脈は，教室に量感を鍛える道場まで出現することで，子どもたちの「ピッタリ重さを当てたい」という気持ちをかきたて，ペンケースやハンガーなど軽めのものの重さを，50g未満のずれで予測する子も現れました。

教材研究の際には，「この課題設定だと，教科書と変わらないし，おもしろくないですよね」といった感じで，新しいことに取り組むなら，授業がおもしろくならないと，教師がわくわくするようにならないと，といった発想で，先生方は話し合いを進めていきました。そうして，魅力的でダイナミックな課題を考える一方で，それが算数としての認識や思考を試す課題としてどうかという点も検討されました。むしろ，計算技能など，単元や授業で指導されテストで評価できる個別の内容のみならず，パフォーマンス評価だからこそ評価できる授業や単元を超えた育ちを意識することで，大胆に課題を設計することができるのです。たとえば，「ひきざん(2)」の単元（繰り下がりがポイント）の課題を考えているときに，計算紙芝居ではこれまでと同じでおもしろくないと話しているときに，次のような形で「けいさん4コマまんが」という課題が生まれました。「ひきざん(2)」の単元は1年生の加減の演算のほぼ最後の単元であり，数と計算の領域を総括する単元とみることができます。そのように考えると，その単元末では，繰り下がりだけにこだわらず，加減の複合，さらには三つの数の加減を扱ってもよいと発想できるし，それにより演算決定のプロセスも含まれることになります。とくに，三つの数の加減を扱えると考えたとき

に，物語性を楽しめる4コマまんがというアイデアが生まれました。

　内容習得に縛られず子どもがのびのび思考し，学びがいを感じられるような課題になっているかを問うのみならず，たとえば，「直方体と立方体」について学んだ経験を，「立体図形」の概念について初めて学んだ経験としても意味づけるなど，授業や単元を横断するメタな目標を意識化するとよいでしょう（「立体図形」の授業ととらえることで，人間の身体も含め，直方体と立方体以外の形状の物体も扱えると発想できるようになる）。

　さらに，高倉小学校においてパフォーマンス課題は，単元末の総括的な課題であるとともに，単元のはじめに，単元への目的意識や期待感や学びの意欲を喚起するような形で軽く提示されます。そして，「だまし絵づくり」の単元で，毎時間の授業がさまざまな図形を用いた24c㎡のだまし絵を軸に展開するなど，単元末の課題（自分でだまし絵をつくる）に向けた足場が丁寧に組織されます。

　以上のような高倉小学校のパフォーマンス課題は，「使える」レベルの学力を意識したものというわけでは必ずしもなく，算数を生活に埋め戻してその眼鏡としての意味を実感させるような課題づくりも考えられてよいでしょう。たとえば，同校の6年生の家庭科の向井文子先生による「BENTOブックづくり」の単元（中学生になるとお弁当をもっていかなければならないので，自分たちで栄養価や彩りなどを考えたオリジナル弁当を考え，6年生全員で1冊の本にまとめる）のように，学校での学びが子どもたちの明日の生活を豊かにするような，「真正の学習」につながる課題づくりは，パフォーマンス課題に取り組む醍醐味です。その一方で，高倉小のパフォーマンス課題は，教科書教材の枠を一歩超える課題を提案するものであり，その課題づくりの過程からは，子どもたちにとって魅力的で挑戦的な課題をデザインするポイントを学ぶことができるでしょう。

(4) ルーブリックとは何か

　パフォーマンス評価においては，客観テストのように，目標の達成・未達成の二分法で評価することは困難です。レポートや論文の評価もまさにそうですが，パフォーマンス課題への学習者の取り組みには多様性や幅が生じるため，教師による質的で専門的な判断に頼らざるをえません。よって，パフォーマンス評価では，主観的な評価にならないように，「ルーブリック（rubric）」と呼ばれる，パフォーマンスの質（熟達度）を評価する評価基準表を用いることが必要になります。

　表2-4のように，ルーブリックとは，成功の度合いを示す3〜5段階程度の数値的な尺度と，それぞれの尺度に見られる認識や行為の質的特徴を示した記述語から成る評価基準表のことをいいます。また多くの場合，ルーブリックには各点数の特徴を示す典型的な作品事例も添付されます。典型的な作品事例は，教師や学習者がルーブリックの記述語の意味を具体的に理解する一助となります。

　ルーブリックは，パフォーマンス全体を一まとまりのものとして採点する「全体的ルーブリック」としても作成できますし，一つのパフォーマンスを，複数の観点でとらえる「観点別ルーブリック」としても作成できます。一般に，全体的ルーブリックは，学習過程の最後の総括的評価の段階で全体的な判断を下す際に有効で，他方，観点別のルーブリックは，パフォーマンスの質を向上させるポイントを明示するものであり，学習過程での形成的評価に有効です。

　認識や行為の質的な転換点を決定してルーブリックを作成する作業は，3，4名程度の採点者が集まって，一般的には下記のような手順で進められます。①試行としての課題を実行しできる限り多くの学習者の作品を集める。②観点の有無や何段階評価かを採点者間で確認しておく。③各人が作品を読み採点する。④次の採点者にわからぬよう付箋に点数を記して作品の裏に貼り付ける。⑤全部の作品を検討し終わった後で全員が同じ点数をつけたものを選び出す。⑥そ

表2-4 口頭発表のルーブリックの例

5－ 優れている	生徒は，探究した疑問を明確に述べ，その重要性について確かな理由を提示する。導き出され，記述された結論を支持する特定の情報が示されている。話し方は人をひきつけるものであり，文章の構成はつねに正しい。アイ・コンタクトがなされ，発表の間中，維持される。準備したこと，組織立てたこと，トピックに熱心に取り組んだことについての強い証拠が見られる。視覚的な補助資料が，発表をより効果的にするように用いられる。聞き手からの質問には，特定の適切な情報で，明瞭に答える。
4－ とてもよい	生徒は，探究した疑問を述べ，その重要性についての理由を提示する。導き出され，記述された結論を支持する適切な量の情報が与えられる。話し方や文章の構成は，ほぼ正しい。準備したこと，組織立てたこと，トピックに熱心に取り組んだことについての証拠が見られる。視覚的な補助資料に言及し，用いる。聞き手からの質問には，明瞭に答える。
3－ よい	生徒は，探究した疑問と結論を述べるが，それを支持する情報は4や5ほど説得力のあるものではない。話し方や文章の構成は，ほぼ正しい。準備したり組織立てたりした証拠がいくつか見受けられる。視覚的な補助資料についての言及がある。聞き手からの質問に答える。
2－ 不十分	生徒は，探究した疑問を述べるが，完全ではない。疑問に答える結論は与えられていない。話し方や文章は理解できるものの，いくつかの間違いがある。準備したり組織立てたりしたという証拠が見られない。視覚的な補助資料に言及したりしなかったりする。聞き手からの質問には，最も基本的な答えしか返ってこない。
1－ 劣っている	生徒は，疑問やその重要性を述べずに発表する。トピックは不明確で，適切な結論も述べられない。話し方はわかりにくい。準備したようすはなく，組織立ってもいない。聞き手からの質問に対して，最も基本的な答えしか与えないか，まったく答えない。
0	口頭発表は行われなかった。

出典：Wiggins, 1998, p.160

の作品を吟味しそれぞれの点数に見られる特徴を記述する。⑦点数にばらつきが生じたものについて，採点者間の観点等のズレを明らかにしつつ合意を形成する。

　観点別で採点するかどうか，何点満点で採点するかなどは状況に合わせて考えていけばよいでしょう。もちろん，表2-4のようなルーブリックのひな型や，他者が作成したルーブリックを使ったり，それまでの実践経験に基づく学習者の反応の予想をもとに教師一人でルーブリックを作成したりすることもできます。しかし，そうした方法で作成されたルーブリックについては，その仮説としての性格を自覚し，実際の学習者の作品をもとに再検討されねばなりません。

事例に即して考えていくことは，規準に関する議論が空中戦（価値観のぶつけ合い）になるのを防ぐ意味でも有効です。さらに，クラス間，学校間で同じもしくは類似の課題を用い，それぞれの実践から生まれてきたルーブリックと学習者の作品を持ち寄って互いに検討する作業（「モデレーション〈moderation〉」）は，ルーブリックの信頼性を高めるうえで有効です。

　ルーブリックを用いた評価においては，評価者間での評価の違いを調整する際に間主観的合意が追求され，評価の「信頼性（reliability）」の問題は「比較可能性（comparability）」の問題として再定義されます。そうして，このような事例をめぐっての対話的なモデレーションは，教師の鑑識眼を高める契機にもなるわけです。いわば，ルーブリックは，道具の使い手の見る目を育て，評価者同士の協働的な学びの機会を内在させた，上達論のある評価方法ととらえることができ，そのように考えていくことで，ルーブリックの形骸化を防ぐこともできるでしょう。

（5）ルーブリックを用いたパフォーマンスの解釈

　たとえば，図2-3に示したような数学（「相似」の単元）のパフォーマンス課題に対する子どもの作品をどう評価すればよいのでしょうか。この課題は，問題場面のなかに何らかの形で直角三角形を見いだせれば解決の糸口はつかめますが，相似な二つの直角三角形を見いだせればよりシンプルに問題を解決することができます。多くの場合，単元の指導内容である「相似」関係を使って答えが出せていれば満点で，「相似」関係を使わない解き方だったり，計算が間違っていたりしたらそれぞれに応じて減点する，あるいは，数値を入れて図形が書けていれば部分点を与えるといった具合に，回答類型やチェックリストを当てはめて評価がなされがちです。

　しかし，こうした評価では，力試し的に「この問題」が解けたかどうか（思考の結果）を見るだけになりがちで，教師も子どもたちもその後に生かせるフィードバック情報を得ることはできません。これに対して，「この手の問題」

図2-3　パフォーマンス課題（数学科）に対する生徒の作品例

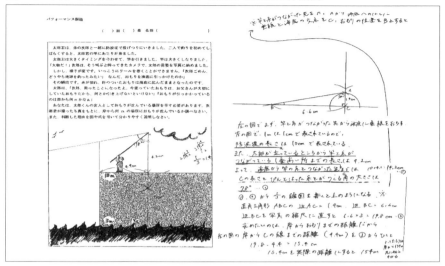

出典：石井，2011，49頁の神原一之氏作成の課題

が解けるためにさらに指導が必要なこととは何なのか，どんな力をつけないといけないのかといった具合に，思考のプロセスに着目しながら子どもたちの思考の表現を解釈していくことで，パフォーマンス課題は，単なる力試し的な問題ではなく，長期的に知的・社会的能力を育てるものとして機能するようになります。

　図2-3の子どもの作品例は，下記のような数学的思考のプロセスを典型的に示しています。すなわち，「海底は平らで，防波堤と平行」だと仮定し，写真に示された状況を数学的な問題としてシンプルに抽象化・定式化する（数学的モデル化），三角形の相似条件や比の計算を駆使して問題解決する，そして，一連のプロセスを，図や数式を用いて順序立ててわかりやすく説明する。そこで，こうした思考のプロセスの節目に即して，たとえば次頁の表2-5のように，数学的モデル化と数学的推論の二つの観点でルーブリックを作成し，この作品を解釈するわけです。

表2-5　数学的モデル化と数学的推論の例

	数学的推論	数学的モデル化
3-よい	無駄なく，飛躍無く説明でき，答えを求めることができている。	相似な2つの直角三角形をつくり，必要な長さを記入できる。
2-合格	答えを求めることができているが，無駄や飛躍を一部含んでいる。	必要な長さや角の大きさを測定し，直角三角形をつくることができる。
1-もう少し	解を求めることができていない。	必要な長さを測定できず，図がかけない。

出典：神原一之氏作成

　思考過程に即して作成することで，ルーブリックは，「相似」の問題の出来不出来を採点する基準であると同時に，数学的問題解決に取り組む際のポイント（「2」と「3」の違いになっている副詞句や形容詞句に主に表れる）を示すものにもなっています。もっとシンプルに解ける問題の見立て方はないか，思考過程に無駄や飛躍はないかといった点が，日々の授業のなかでも，課題横断的に領域横断的に教師と子どもに意識化されるわけです。

　また，そうして思考過程に即して評価することで，教師が想定する「相似」を使った解き方でなくても，自分なりの方法で無駄なく飛躍なく解けておれば数学的推論の観点を独立に評価することも考えられるようになります。もちろん教師からすれば数学的に洗練した解法を要求したいところです。しかし，思考する意欲や態度を育てるうえでは，自分なりにこだわりをもって考えたことが評価される余地を残しておくことが重要です。内容だけでなく思考過程にも重きを置いて解釈することで，英語科のパフォーマンス評価（例：A市に仕事に来たアメリカ人に，電車の待ち時間の45分で楽しめそうな観光スポットを紹介する）でも，単語や文法事項の正確さのチェックだけでなく，それらに少し誤りがあっても，自分の本当に伝えたいことを英語らしく伝えようとしているか，というプロセスに重きを置いた評価も可能になるでしょう（単語や文法事項については，ペーパーテストで確かめればよいでしょう）。

5 ルーブリックの効果的活用のために

(1) 行動目標に基づく評価とパフォーマンス評価との違い

　子どもたちの「パフォーマンス」を評価するというと，学習者の観察可能な行動のリストを作成してそれをチェックしていくこと（行動目標に基づく評価）をイメージする人もいるでしょう。しかし，パフォーマンス評価は，そうした従来の行動目標に基づく評価を問い直すものです（表2-6）。両者の違いは，ドリル（機械的な作業）とゲーム（思考を伴う実践）の区別を念頭において考えると明確になります。

　行動主義心理学の影響もあり，従来の行動目標は，最終的なゴールを，ドリルで機械的に訓練できる要素に分解しがちでした。たとえば，「テニスの試合で上手にプレーできる」という目標を設定したなら，その最終的なゴールは，「サーブが打てる」「フォアハンドで打てる」「ボレーができる」などの要素に，さらには「サーブが打てる」という要素は，「トスが上げられる」「トスしたボー

表2-6　行動目標に基づく評価とパフォーマンス評価の違い

	行動目標に基づく評価	パフォーマンス評価
学力の質的レベル	知識・技能の習得（事実的知識の記憶／個別的技能の実行），機械的な作業	知識・技能の総合的な活用力の育成（見方・考え方に基づいて概念や方略を総合する），思考を伴う実践
ブルームの目標分類学のレベル	知識，理解，適用	分析・総合・評価
学習活動のタイプ	ドリルによる要素的学習（プログラム学習志向） 要素から全体への積み上げとして展開し，「正解」が存在するような学習	ゲームによる全体論的学習（プロジェクト学習志向） 素朴な全体から洗練された全体へと螺旋的に展開し，「最適解」や「納得解」のみ存在するような学習
評価基準の設定の方法	個別の内容の習得の有無（知っているか知っていないか，できるかできないか）を点検する 習得目標・項目点検評価	理解の深さや能力の熟達化の程度（どの程度の深さか，どの程度の上手さか）を判断する 熟達目標・水準判断評価
学習観	行動主義	構成主義

出典：石井，2015a，59頁

ルを打てる」といったより細かな要素へと分解されます。そして,練習場面や試合などでその要素(技能)のリストが「できる・できない」でチェックされていくわけです。

しかし,こうやって目標を細分化しても,要素の総和に解消されない最終的なゴール(ゲーム)自体の成功イメージは必ずしも明らかになりません。サーブ,フォアハンドのストローク,ボレーといった一つ一つの要素(ドリル)が上手だからといって,「テニスの試合で上手にプレーできる」とは限りません。逆に,サーブがうまくなくても,他の技術でそれを補うことで巧みにプレーする人もいるでしょう。「テニスの試合で上手にプレーできる」という最終的なゴールを検討する際に重要なのは,個別的な技能の何をどう組み合わせるのかに関する実践的思考の過程です。パフォーマンス評価として試合場面を位置づける場合,そうした学習者の思考過程について,問題把握の的確さ,判断の際に重視している視点の包括性や妥当性,いわばプロ(熟達者)らしい思考ができている程度(熟達度)を評価するのです。図2-5の「見方・考え方」というのは,

図2-5 「知の構造」を用いた教科内容の構造化

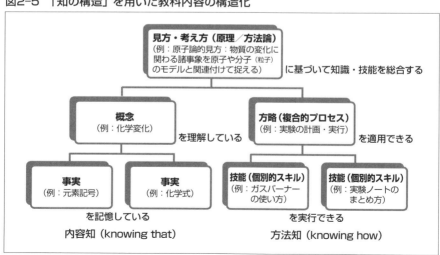

出典:西岡ほか,2013,17頁の西岡氏作成の図に筆者が加筆・修正

実践的思考に埋め込まれていて，実践場面での判断や行動に表れる，その道のプロらしい思考の枠組み（物事をとらえる教科固有の眼鏡〈目のつけどころ〉と頭の働かせ方）を指すものです。たとえば，英語教育で作成が進んでいる「CAN-DO リスト」についても，ドリル的な"do"ではなく，ゲーム的な"do"として作成されているかどうかを問うことが重要でしょう。

ここまでで述べてきたような，学力・学習の階層性を考えると，どんな学習でもすべてルーブリックで評価する必要がないということがわかるでしょう。「原稿用紙を正しく使える」（ドリル）といった，ルールが守れているかどうかをできたか・できないか（チェックリスト）で点検できるような要素的な技能でも，ルーブリックの形で段階的な評価基準を作成するようなことになると，評価の煩雑化に陥ります。「論争的な課題について自分の主張をまとめた論説文が書ける」（ゲーム）のように，できたか・できないかで点検できない，議論の組み立ての論理性や論述の巧みさの程度などを，人間の目で判断するしかないときにこそ，ルーブリックを用いるわけです。ルーブリックは，「わかる」レベルの学習についても使うことはできますが，一番適しているのは，「使える」レベルの思考を伴う実践の評価においてなのです。ルーブリックを使うというのであれば，それを使うに値するような目標や内容や学習をめざしているかどうかを問うてみる必要があります。

たとえば，さまざまなレポートの評価では，評価基準の名の下に，①ルーブリックを用いるのに適した質的な部分（例：論理的な論述ができているか，確かな根拠をもって実証されているか，結論や方法に独創性があるか），②レポートを書くための基礎的な指導事項で必ずしもルーブリックを用いなくてもよいもの（例：パラグラフライティングができているか，序論・本論・結論で構成されているか），③レポートをまとめるうえでの約束事（例：分量や体裁が守られているかどうか，指定された用語をちゃんと用いているかなど，条件を満たしているかどうか）が，しばしば混在しています。②③はともに，チェックリストの形で○か×で点検できるものです。ただし，③は，評価基準ととらえるべきではなく，レポート

を提出する際の前提条件であって，レポートのクオリティに関わる評価項目とは区別されるべきものです。そして，①のように，ルーブリックを作成する際には，その骨組みを構成するポイントを明確にする必要があります。質をとらえる観点（例：論理，立論，論旨，結論，発想）と，質のグラデーションやその質的転換点を描く軸（卓越さの方向性を示す形容詞句や副詞句の部分。例：論理については飛躍の程度，論旨については一貫性の程度，発想については独創性の程度）は，ルーブリックの骨組みを構成するものであり，評価者が暗黙的に意識している質的な判断のポイント（目のつけどころと物差し）を可視化するものでもあります。骨組みさえ明確であれば，記述語や具体例で肉づけすることでルーブリックを作成することができるのです。

(2) 学習者の学び続ける力を育てる評価へ

　評価を考える際には，何のための評価なのかという評価の目的を考えておく必要があります。評価の目的やタイミングに関わって，これまで診断的評価（実践に先立って学習者の興味・関心や既有知識などを確かめる），形成的評価（実践の過程で指導の改善のためのフィードバック情報を得る），総括的評価（実践の最終的な成果を判定したり評定したりする）という言葉が使われてきました。

　近年は，表2-7のような用語が使われるようになっています。「学習の評価」は総括的評価に相当します。「学習のための評価」と「学習としての評価」は，ともに形成的評価に相当するものですが，近年，形成的評価のなかに区別がなされるようになってきています。両者は，フィードバックを改善に生かす主体が違います。「学習のための評価」は，フィードバック情報を教師が指導の改善に生かすということです（つまずきを教師が生かす授業）。これに対して，「学習としての評価」は，フィードバック情報を学習者自身が学習改善に生かすということです（つまずきを学習者自身が生かす授業）。

　たとえば，レポートや論文に教師はさまざまに赤を入れます。そうした教師側から得られたフィードバックをもとに，赤入れした部分をそのまま直して論

表2-7　教育における評価活動の三つの目的

アプローチ	目的	準拠点	主な評価者	評価規準の位置づけ
学習の評価 (assessment of learning)	成績認定，卒業，進学などに関する判定（評定）	他の学習者や，学校・教師が設定した目標	教師	採点基準（妥当性，信頼性，実行可能性を担保すべく，限定的かつシンプルに考える。）
学習のための評価 (assessment for learning)	教師の教育活動に関する意思決定のための情報収集，それに基づく指導改善	学校・教師が設定した目標	教師	実践指針（同僚との間で指導の長期的な見通しを共有できるよう，客観的な評価には必ずしもこだわらず，指導上の有効性や同僚との共有可能性を重視する。）
学習としての評価 (assessment as learning)	学習者による自己の学習のモニターおよび，自己修正・自己調整（メタ認知）	学習者個々人が設定した目標や，学校・教師が設定した目標	学習者	自己評価のものさし（学習活動に内在する「善さ」（卓越性の判断規準）の中身を，教師と学習者が共有し，双方の「鑑識眼」（見る目）を鍛える。）

出典：Earl, 2003, p.26に筆者が加筆

文としてのクオリティが上がったとしても，学習者自身のレポートや論文を書く力が伸びたとは限りません。作品がよくなっても能力はついていないということはありうるのです。学習者自身が，赤を入れられた部分について納得し，自分の癖や改善点を自覚しているかどうか，学習者のレポートや論文に関する物差し（自己評価の規準）が豊かになっているかどうか，評価に伴ってそうした学習が成立しているかどうかが大事なのです。「学習としての評価」を大事にするのなら，たんに振り返りをするだけではなく，レポートや論文の相互評価や相互検討の場面を，発表者がアドバイスを受ける場である以上に検討する側の評価眼を鍛える鑑賞学習的な場面として意識化するなど，学習者の物差しを豊かにする機会を充実させることが肝要です。

　ルーブリックのあり方やつくり方も目的に応じて考えていく必要があります。「学習の評価」で使うルーブリックであれば，採点基準として，客観性・信頼性や公平性を直視し，評価対象とする能力を限定して厳密に詳細に作成することが必要でしょう。しかし，「学習のための評価」であれば，評定に含めない能力も含めて，あくまで実践指針として，たとえば，レポートを書く力を

伸ばすために同僚と一緒に取り組んでいきたい指導事項について，自分たちのあいだで了解のできる範囲で記述語の文言などを考えていけばいいわけです。さらに，「学習としての評価」の場合は，自己評価の際の着眼点や物差しを示せればいいわけですから，きっちりしたルーブリックの表の形で示さなくても，まずは論理性，実証性，独創性といった観点を示すだけでもいいでしょう。「学習としての評価」に使おうと思ったら，日々の学習で意識可能な3〜5つくらいに観点の数も絞られてくるでしょう。そして，その観点や規準自体が指導事項となってくるわけです。

　試合，コンペ，発表会など，現実世界の真正の活動には，その分野の実力を試すテスト以外の舞台（「見せ場〈exhibition〉」）が準備されています。パフォーマンス評価のポイントの一つは，こうしたテスト以外の「見せ場」を教室に創り出すことにあります。教師やクラスメート以外の聴衆（異学年の子ども，保護者，地域住民，専門家など）の前で学習の成果を披露し，学校外のプロの規準でフィードバックを得る機会が設定され，それが学習者にも「見せ場」として意識されることで，学習者の責任感と本気の追究が引き出されるとともに，そこでプロの規準（その分野の活動のよさの規準）を学ぶことで，教師から価値づけられなくても，学習者が自分自身で自律的に学習を進めていくことや，教師の想定や目標の枠を超えた「学び超え」も可能になるでしょう。

引用・参考文献

- 安彦忠彦（2014）『「コンピテンシー・ベース」を超える授業づくり』図書文化社
- 育成すべき資質・能力を踏まえた教育目標・内容と評価の在り方に関する検討会（2014）『育成すべき資質・能力を踏まえた教育目標・内容と評価の在り方に関する検討会―論点整理―（主なポイント）』
- 石井英真（2006）「学校文化をどう創るか」田中耕治編『教職研修6月号増刊 カリキュラムをつくる教師の力量形成』教育開発研究所
- 石井英真（2011）『「教科する」授業を目指す中学校教育のデザイン』（科学研究費補助金 中間報告書）
- 石井英真（2012）「学力向上」篠原清昭編『学校改善マネジメント』ミネルヴァ書房
- 石井英真（2015a）『今求められる学力と学びとは――コンピテンシー・ベースのカリキュラムの光と影』日本標準
- 石井英真（2015b）『増補版・現代アメリカにおける学力形成論の展開――スタンダードに基づくカリキュラムの設計』東信堂
- 石井英真（2016）「資質・能力ベースのカリキュラムの危険性と可能性」『カリキュラム研究』第25号
- 石井英真編（2017a）『小学校発 アクティブ・ラーニングを超える授業――質の高い学びのヴィジョン「教科する」授業』日本標準
- 石井英真編（2017b）『教師の資質・能力を高める！ アクティブ・ラーニングを超えていく「研究する」教師へ――教師が学び合う「実践研究」の方法』日本標準
- 教育課程研究会（2016）『「アクティブ・ラーニング」を考える』東洋館出版社
- 国立教育政策研究所（2016）『資質・能力（理論編）』東洋館出版社
- 斎藤喜博（1970）『斎藤喜博全集6』国土社
- 田中耕治編（2011）『パフォーマンス評価――思考力・判断力・表現力を育む授業づくり』ぎょうせい
- 田村知子（2011）『実践・カリキュラムマネジメント』ぎょうせい
- 田村学（2015）『授業を磨く』東洋館出版社

■中央教育審議会（2016）「幼稚園，小学校，中学校，高等学校及び特別支援学校の学習指導要領等の改善及び必要な方策等について（答申）」

■西岡加名恵・石井英真・北原琢也・川地亜弥子（2013）『教職実践演習ワークブック——ポートフォリオで教師力アップ』ミネルヴァ書房

■西岡加名恵・石井英真・田中耕治編（2015）『新しい教育評価入門——人を育てる評価のために』有斐閣

■西岡加名恵（2016a）『教科と総合学習のカリキュラム設計——パフォーマンス評価をどう活かすか』図書文化

■西岡加名恵編（2016b）『「資質・能力」を育てるパフォーマンス評価——アクティブ・ラーニングをどう充実させるか』明治図書

■ブルーム，B. S. 著，梶田叡一ほか訳（1973）『教育評価法ハンドブック——教科学習の形成的評価と総括的評価』第一法規出版

■松尾知明（2015）『21世紀型スキルとは何か——コンピテンシーに基づく教育改革の国際比較』明石書店

■松下佳代（2007）『パフォーマンス評価——子どもの思考と表現を評価する』日本標準

■松下佳代・京都大学高等教育研究開発推進センター編（2015）『ディープ・アクティブラーニング』勁草書房

■松下佳代・石井英真（2016）『アクティブラーニングの評価』東信堂

■溝上慎一（2014）『アクティブラーニングと教授学習パラダイムの転換』東信堂

■溝上慎一（2015）「アクティブラーニング論から見たディープ・アクティブラーニング」松下佳代・京都大学高等教育研究開発推進センター編，前掲書所収

■Earl, L. M. (2003) *Assessment as Learning: Using Classroom Assessment to Maximize Student Learning*, Corwin, press

■Wiggins, G. (1998) *Educative Assessment: Designing Assessments to Inform and Improve Student Performance*, San Francisco: Jossey-Bass

［著　者］石井英真（いしいてるまさ）

京都大学大学院教育学研究科准教授，博士（教育学）
主な著書に，『現代アメリカにおける学力形成論の展開―スタンダードに基づくカリキュラムの設計―』（単著，東信堂），『時代を拓いた教師たち』Ⅰ・Ⅱ（共著，日本標準），『今求められる学力と学びとは―コンピテンシー・ベースのカリキュラムの光と影―』（単著，日本標準），『小学校発 アクティブ・ラーニングを超える授業―質の高い学びのヴィジョン「教科する」授業―』，『教師の資質・能力を高める！アクティブ・ラーニングを超えていく「研究する」教師へ―教師が学び合う「実践研究」の方法―』（共に編著　日本標準），『〈新しい能力〉は教育を変えるか―学力・リテラシー・コンピテンシー―』，『教職実践演習ワークブック―ポートフォリオで教師力アップ―』（共著，以上ミネルヴァ書房），『中学校「荒れ」克服10の戦略――本丸は授業改革にあった！』（共著学事出版）『新しい教育評価入門――人を育てる評価のために』（共著，有斐閣）など

中教審「答申」を読み解く
新学習指導要領を使いこなし，質の高い授業を創造するために

2017年3月25日　第1刷発行

　　著　者　石井英真
　　発行者　伊藤　潔
　　発行所　株式会社 日本標準
　　　　　　〒167-0052　東京都杉並区南荻窪3-31-18
　　　　　　電話　03-3334-2630［編集］
　　　　　　　　　03-3334-2620［営業］
　　　　　　URL　http://www.nipponhyojun.co.jp/

　　編集協力・デザイン　株式会社 コッフェル
　　印刷・製本　　　　　株式会社 リーブルテック

©Ishii Terumasa 2017　Printed in Japan　　　　ISBN 978-4-8208-0618-9

◆乱丁・落丁の場合はお取り替えいたします。　　◆定価はカバーに表示してあります。